TONY GU

顾仁宝 著

S ILING MARKETING INC

无品牌
不营销

中国B2B/B2C品牌出海的最终解决方案

江苏人民出版社

图书在版编目（CIP）数据

无品牌不营销：中国B2B/B2C品牌出海的最终解决方
案 / 顾仁宝著. -- 南京：江苏人民出版社，2021.11（2024.6重印）
　ISBN 978-7-214-26216-5

　Ⅰ.①无… Ⅱ.①顾… Ⅲ.①电子商务 – 品牌营销 –
研究 – 中国 Ⅳ.①F724.6

中国版本图书馆CIP数据核字(2021)第097591号

书　　　名　**无品牌不营销：中国B2B/B2C品牌出海的最终解决方案**
著　　　者　顾仁宝
出版统筹　杨　健
责任编辑　魏　冉
出版发行　江苏人民出版社
地　　　址　南京市湖南路1号A楼，邮编：210009
照　　　排　江苏凤凰制版有限公司
印　　　刷　江苏凤凰扬州鑫华印刷有限公司
开　　　本　787毫米×1 092毫米　1/16
印　　　张　10.75　插页 1
字　　　数　180千字
版　　　次　2021年11月第1版
印　　　次　2024年6月第2次印刷
标准书号　ISBN 978-7-214-26216-5
定　　　价　89.00元

（江苏人民出版社图书凡印装错误可向承印厂调换）

献给致力于打造国际品牌的中国企业家

前言

你为什么要读这本书

当你读完这本书，我相信，对于如何计划和打造品牌出海，你将会有一个非常清晰的逻辑。这本书会帮助我们理清品牌出海的步骤，给你提供全面和非常实用的营销工具，但是光有这些我认为是不够的，这本书中提到的很多工具其实都是免费存在在互联网的世界里，我们只是根据自己的实战经验帮助你做了总结，但是这并非我写这本书的初心所在。你看人类发展的许多次变革，都是有了新的工具，而那些真正成功的人，要么发明了工具，要么就是真正使用了这些工具。今天我们把这些数字化营销工具，以及它们的重要性和逻辑性放在你面前，我们是不是就一定会成功了呢？我的答案是不确定的。因为，只有你强大了，这些工具才会真正有用。工具只是一个表象，这些工具的背后其实是思维的升级。

记得有一次在意大利，朋友带我去了罗马边上的一个城市，有点像我们国内三线城市的郊区。他带我去了当地的一家浙江人开的中国餐厅，当时凑巧是饭点，来了十几位吃饭的浙江人。后来我了解到，这个地方其实是一个生产加工点，这里有很多的中国人，他们主要是帮国际一线品牌处理牛仔裤的水洗洞。这些品牌包括了我们熟悉的阿玛尼，LV 和 GUCCI 之类。朋友说你别小看这些人，待在这个不起眼的小地方，做着这个不起眼的"小生意"，但是老板可"大"了，几年下来能赚上千万元。其实这样的故事你一定不陌生，在我们国内，很多企业的规模都很大，一年都能做几十亿元销售额，我的很多客户在亚马逊或者天猫一年也能做十几亿元的销售额，你说这个老板大不大。我经常遇到客户和我说，我们给很多美国或欧洲的知名品牌加工，我们的质量没问题！我也拜访了很多国内的外贸企业，确实规模都很大，甚至有一次我和国内的客户在意大利考察他们当地的首饰工作室，客户惊叹到这么小的工作室和国内的生产车间简直没有可比性。

但是我在想为什么我们有这么好的厂房和产品，却一直停留在整个生态圈的最低端求生存呢？而且似乎企业的利润并没有那么可观，从某种意义上来说，我们只是产品的搬运工。随着经济形势的发展，为了降低成本，我们很多工厂搬到了越南或者柬埔寨，但是其实只是换了一个地方继续停留在整个生态圈的最低端，并没有从本质上改变我们的生存状态。这样的例子比比皆是，所以我一直在思考，我们到底如何才能从"规模上的大"转而成为真正"变得强大"。你一定知道电影《功夫熊猫》，有时候我一直觉得我们的"中国制造"有点像这部电影。功夫是中国的，熊猫是中国的，但是《功夫熊猫》系列电影及其所产生的商业价值都不是我们的。你可能觉得这个和我们的动画技术有关，其实不是，因为有一次我和好莱坞《功夫熊猫》的动画指导聊天，他说其实中国的电影动画技术完全不输于好莱坞的技术，创造一部好的动画电影作品的关键在于其故事以及想要表达的信息可以赢得大家的共鸣。就《功夫熊猫》系列电影来说，分别讲述了我是谁，我来自哪里以及我到哪里去的哲学问题，然后用动画形式以及诙谐幽默的方式表达出来了而已。其实，电影和品牌的打造是一样的，决定一个品牌成功与否的关键在于其想要表达的价值的好坏。因为最终，

我们经常在微信朋友圈看到有人发一句话叫"不忘初心"。我一直很好奇的是我们的初心到底是什么？如果我们没有初心或者如果我们无法清晰地阐述自己的初心，那么就不存在不忘初心。

在我和很多国内客户刚开始接触、聊天的时候，我发现一个问题，那就是大家能够清晰地说出自己是做什么的（WHAT），也能够非常明确地解释他们是怎么做的（HOW），但是当我问他们你们为什么（WHY）做你所做的时候，很少有人能够一下子说出来。你可能会说是为了赚钱，我觉得赚钱是一种结果，而非原因。事实证明，如果我们是为了赚钱而赚钱，我们会赚到一些钱，但是会导致一个你可能没有意识到的结果就是"丢失自我"。

我们不谈那些极端的现象，如为了赚钱而丢失自我的贪官污吏，我们就说说我们身边有很多人，他们看似拥有一切，有着不错的房子和汽车，也有着不错的家庭和事业，但是他们总觉得内心少了点什么，如果一定要给这个"什么"找一个答案的话，你的答案是什么？其实答案显而易见，那就是价值。

人与人之间的链接是靠价值共鸣产生的，所以如果我们没有想象力和人文精神的传播，那么无论是电影或者品牌，我们都很难创造经典和真正取得商业的成功。

我每次在全国演讲的时候经常讲一句话，"有一天你会赢，靠的不是产品的质量，也不是服务的质量；有一天你会赢，靠的是你传播的品牌信息的质量"。你不要急着反驳这句话，任何一个成功品牌的前提是有好的产品和服务质量，我认为这个是最基本的，但是显而易见，我们今天遇到的问题是我们有很好的产品，我们也有很好的服务，我们更有着非常勤劳的人民，但是我们并没有打造出受人尊重的品牌，这一点值得我们每一个想要或者正在出海的企业反思。

我们在疯狂追求规模和速度的时候，丢失了一个很重要的东西，它看不见也摸不着，但是很重要，犹如空气一般，那就是价值和文化。如果我们的产品没有文化传承，那么我们的产品永远就是货物；如果我们的企业没有价值传递，那么我们永远都成为不了受人尊重的品牌。

在这本书中，你会学习到美国最流行的营销战略思维和工具，掌握这些其实很容易，但是如果我们只通过这些工具继续廉价销售你的产品，那么我们最多就是促销做得不错，因为当你读到第一章的时候就会知道其实营销的本质是传递价值，而营销这个过程其实就是塑造目标客户对你品牌认知的过程，

未来成功的品牌已经不再是简单的提供产品和服务的商业机构，它更是和消费者共同成长的桥梁和纽带，通过社交媒体等渠道变成让人产生情感共鸣的平台。在这个平台上我们探讨的不再是简单的产品，而是一个有所共鸣的价值导向和一起去做一些对我们的社区、社会、国家以及世界有意义的事情。

放眼全球，我们已经超越了 B2B（BUSINESS TO BUSINESS，指企业与企业之间通过网络进行数据信息的交换、传递，开展交易活动）和 B2C（BUSINESS TO CUSTOMER，指企业对消费者的电子商务）这个概念，在这个大家庭里我们是 H2H（HUAMN TO HUMAN，即人对人）。我们为了一个更高的追求和目标一起前进，在这里买卖的关系变得弱化；在这里你有你的产品和服务的需求，我正好有你需要的产品，等你需要的时候问我买就是，但这不是你和我交流的全部话题，买卖最终变成一件顺便的事情；而情感的沟通和链接才是我们的目标，这才是营销所需要做的事情。世界上最帅的营销应该是积极的影响，你能影响多少人，你就会有多成功，对这一点，我深信不疑。

既然营销的本质是传递价值，那么在你传递之前，首先要打造你的品牌价值，也只有从这一刻开始，我们才算从规模上的"大"慢慢走向"强大"。

强大就是要传递价值，而非做产品的搬运工！而一个品牌的价值其实就是这个企业创始人的价值所在。那么我们该如何找到自己的价值呢？我知道这听上去很玄乎，因为我们似乎生活在一个不太好意思谈论理想和价值的年代，谁开口谈这个就会被钉上"打鸡血"的标签。其实在我看来，这恰恰是这个年代非常可悲的一个现象，这也是我们这一代企业家最需要提升的地方。

也许你会问价值是什么？在如今的互联网世界，我们可以轻而易举地查询到任何商品的价格，所以价格永远不会成为我们的优势。现实的生活告诉我们，其实一个商品的最终价格不是由生产这个产品的成本决定的，而是由这个品牌传递的价值决定的。人们是否愿意购买的理由往往和产品的价格没有太多的关系，而且你的产品可以被模仿，价格可以被打败，唯独你的价值无法被复制和超越，而这个价值就是你做这个事情的终极理由！所以一定要找到为什么，为什么做你所做在绝大多数时候要比你做什么和怎么做重要得多。

国家鼓励我们跨境，绝不是鼓励我们在现有的平台上继续输出廉价的劳动力产品，而是希望我们能够向全世界传递我们

的价值和美好，就是要有利他的思维和格局！利他的思维和格局不需要去创造，因为这个声音一直在我们的心中，我们唯一要做的就是去找回这个声音，并且把这个声音融入今天所做的事业，让我们的事业变成一件有意义的事情，这才是品牌营销的开始，这才是一个人，一个企业强大的开始。

如果我们的事业和品牌能够积极影响到更多的人，比如我们身边的团队和我们的客户，如果他们因为我们的某个营销内容而感受到某种美好，变成一个更好的人，我认为，这就是在创造品牌的价值。

作为品牌，我们不光要满足消费者的物质需求，其实事实上，我们已经生活在一个物质过剩的年代，选择远远超乎你的想象，所以我们要给予客户选择我们的理由一定是超越产品本身的。我们要满足他们的情感需求和精神需求，我们要成为他们心目中的光，因为你不知道谁会因此走出黑暗。消费者是人，他们在满足物质需求的时候，每个人内心都希望自己能够成为一个更好的人，一个更有价值的人。所以从这点来说，如今的品牌一定要相信美好和传播美好。

千万别觉得打造世界的中国品牌是痴心妄想，想想 20 世纪的德国制造被英国人嗤之以鼻，想想 1940 年到 1960 年的日本制造，还有韩国制造，到现在才几十年？今天这些制造都变成了高质量的代名词，我有无数个理由相信今天的中国企

业，在技术、研发和质量上都做好了充足的积累和准备，我们唯一需要做的事情就是利用数字化营销的渠道去传递我们中国人的人文精神，这是中国企业走出国门最正确的姿态和"最后一公里"。我相信中国的强大，中国人的强大，中国企业的强大和我们每一个人息息相关，请不要让"国家兴亡、匹夫有责"这一句话在我们这个年代变成一句空话。我们希望无论我们走到哪里，都能看到中国品牌受人尊重，被人喜欢，在这点上，你和我是一个团队的，我们正在为这个我们希望在这个世界上看到的积极变化而努力。数字化营销渠道的出现，把之前的不可能变成了可能，所以现在是最好的时候。请你不要为自己独特或者大胆的想法而感到害怕，因为我们今天已经接受的一些常识和你所看到的许多理所当然的东西和现象其实在一开始被提出来的时候都是所谓疯狂和不切实际的想法。

我相信这本书能给你的品牌营销之路带去一点方向和建议，我也希望它能给你带去一点力量和全新的角度去思考如何打造和营销自己的品牌。虽然我不知道我们是否有一天能有缘相见，但是我希望无论你在哪里，无论你现在处于什么样的状态，请你一定要相信和坚持内心的美好，并且把这份美好融入自己的事业，把它变成一个品牌，通过数字化营销让我们全世界的消费者感受到这份美好。因为我觉得作为企业的缔造者，眼睛里看到的不应该只是金钱和利润，还应该有人情和冷暖；我们心中所追求的，不应该只有融资和上市，还应该有悲天悯人的灵魂！我想这大概就是现在的中国企业想要实现快速增长的第二曲线，这也是我们走出国门最好的姿态。

最后，请允许我借此机会由衷感谢我的客户们，是你们给了我成长的可能，也是你们让我感受到了中国企业跨越国家界限不可阻挡的趋势和美好的未来；同时，感谢所有帮助过我的人以及家人和同事的支持，没有你们，我不可能安静下来写完这本书，谢谢你们的耐心和爱护。

2019 年 11 月 6 日星期三
顾仁宝（TONY GU）
写于洛杉矶

目 录

第一章　营销前期准备

其实营销并没有想象中的那么复杂，任何一个时代的营销都有两个最基本的维度：

一个是营销渠道，另外一个就是在渠道上传播的内容。

如大媒体时代的 CCTV（中国中央电视台）就是一个渠道，而在 CCTV 黄金时间播放的广告就是营销的内容；你在大马路上发传单，那条马路就是你的渠道，而这个传单就是营销内容；数字化年代同样如此，数字化营销就是要利用不同的数字化渠道接触我们的目标客户，通过制作和分享对目标客户有兴趣和有价值的内容，将陌生人转化成粉丝。显而易见，如果我们只传播产品或者促销信息是很难完成这一个目标的，为了提高营销转化率，必须先做好五个最基本的准备工作，才能开始营销，否则我们的营销投资回报比例会非常低，甚至到最后会淹没在市场中。

主要内容

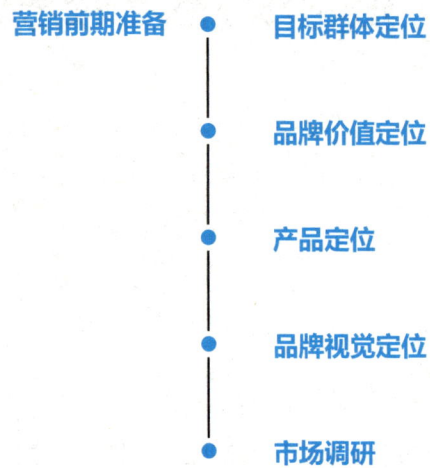

营销前期准备 ● 目标群体定位

● 品牌价值定位

● 产品定位

● 品牌视觉定位

● 市场调研

目标群体定位

目前大概有 200 多个数字化营销渠道，为了提高我们的营销效率，你不可能处处都出现，出现在目标客户出现的地方将是你营销的第一步工作。为了实现这个目标，我们首先要搞清楚我们的目标客户是谁，他们都有哪些特征，他们一般会在哪些媒体等。假如你的目标客户是女性，那么你可能会选择 PINTEREST（一个照片分享网站）这样的社交媒体渠道，因为上面 80% 以上的活跃用户都是女性。渠道对品牌有非常大的影响力，你可以想象一件爱马仕的正品摆放在路边摊上销售的样子，就算这是一件正品，我相信你无论如何都很难说服自己这是一件和专卖店一样的正品。

在这里还有一个非常重要的概念，那就是不要把所有可能会购买你商品的人都当作你的目标客户，这样你一定会失去主心骨，就等于你想企图取悦所有的人一样，最终你会丢失自己的个性；**最好的法则就是你不需要所有的人都成为你的客户，你只需要某些人。**

我相信你在生活中一定注意到一个现象，那就是同样一件商品在不同的人眼里价值是完全不一样的。这里有一个非常有意思的小故事。

一位 90 岁的父亲在生日那天把一块手表送给自己的儿子，并且告诉他："这是你祖父留下来的，已经快 200 年了，在我送给你之前，你把这块手表拿到第三街的手表店问问值多少钱。"儿子问完回来说，他们愿意花 50 美元收购这块手表，这块手表太老了，只能当纪念品卖掉。父亲建议儿子去第九街的古董店问下，儿子回来后激动地说古董店愿意花 5 万美元收购这块手表，并且可以随时过来谈。最后父亲让儿子去了博物馆，让大家惊讶的是博物馆愿意花 50 万美元收购这块古董表，并且随时可以谈。父

而且如果你把自己的商品推销给一个错误的目标客户，那只会带来很多的麻烦，例如你想努力把星巴克咖啡推销给从不喝咖啡的人，就算你打折出售，对方也许最终还会觉得你在忽悠他。

所以在营销之前，我们一定要搞清楚我们的目标群体是谁或者要确定未来想要去锁定的目标群体，他们在哪里，他们的年龄、性别、爱好以及受教育程度等等，也就是所谓的目标客户肖像，只有这样我们才能选择正确的营销渠道。

在确定目标受众时，可以通过了解客户详细的行为习惯和生活方式来实现。接下来我给大家准备了一些问题和模板，帮助大家更加清晰地了解自己的目标客户。

亲这时候对儿子说："我只是想告诉你，你的价值只有在正确的人眼里才会有价值，如果放错了地方，那就有可能一文不值。"

同样如此，你的产品放在哪个渠道营销，接触什么样子的目标群体，其价值也是完全不同的。

目标群体定位问题

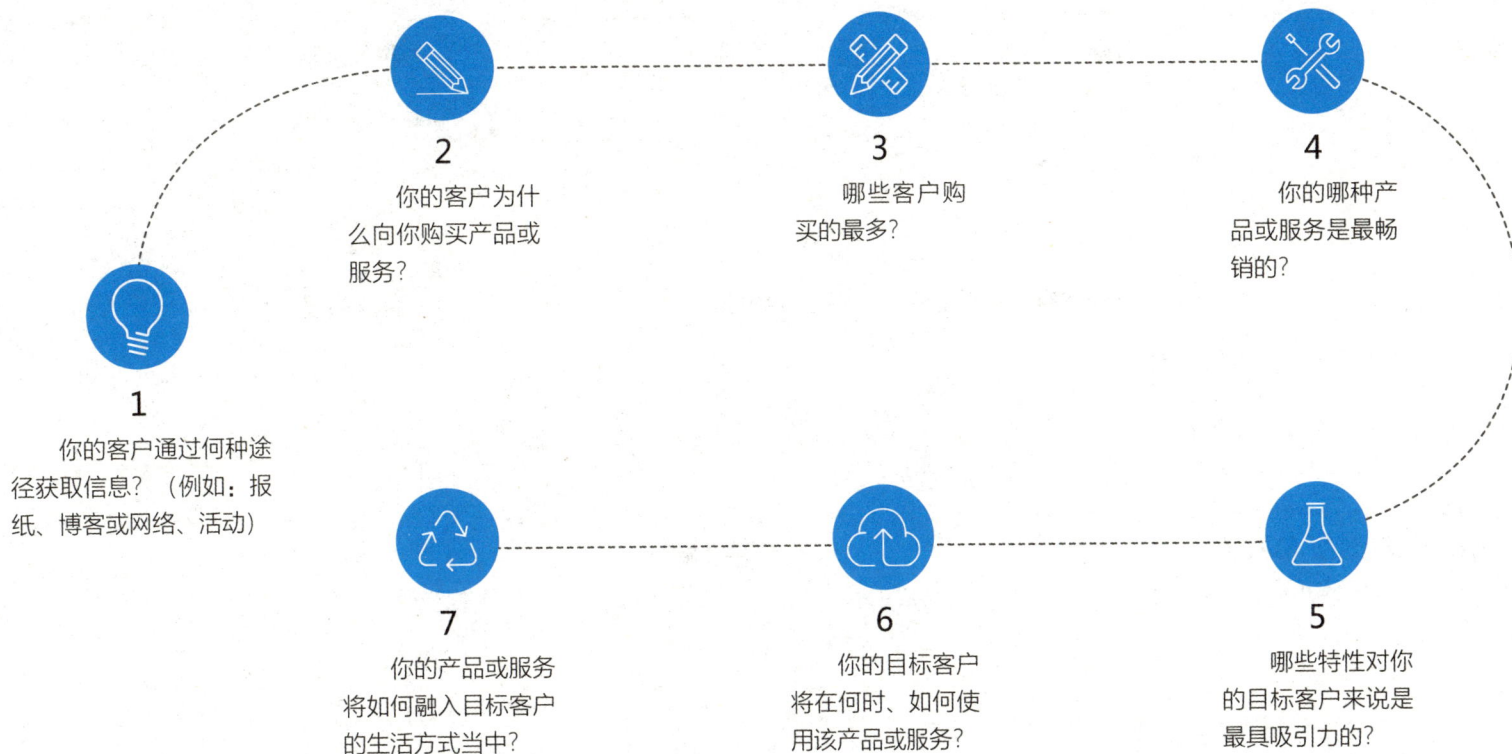

1
你的客户通过何种途径获取信息？（例如：报纸、博客或网络、活动）

2
你的客户为什么向你购买产品或服务？

3
哪些客户购买的最多？

4
你的哪种产品或服务是最畅销的？

5
哪些特性对你的目标客户来说是最具吸引力的？

6
你的目标客户将在何时、如何使用该产品或服务？

7
你的产品或服务将如何融入目标客户的生活方式当中？

建议你和你的团队花一点时间了解自己的目标受众，因为未来无论你做什么营销投入，你都希望营销内容能够得到目标客户的喜欢和分享。你对他们的了解越多，就越能够提高营销投资回报比例，这是一项非常必要和值得做好的前期工作。

目标群体定位信息

年龄	地区	性别	收入水平
受教育程度	婚姻或家庭状况	职业	种族背景
个性、生活态度、价值观		兴趣 / 爱好	

品牌价值定位

　　营销的第二个维度是传播的内容。假如说你现在确定了目标客户，然后根据受众确定了营销渠道，那么现在你要思考的问题就是在这些渠道上传播什么内容。

　　乔布斯在一次演讲中说，营销是有关价值的传播。原因是如果只是通过各种营销渠道传播产品特点或者促销内容，那么我们很难和消费者产生共鸣。这样的传播比较适合大媒体时代，因为在那个时代，你说什么就是什么，目标群体并没有太多的选择；而在数字化时代，尤其是在产品过剩的年代，商家的广而告之在很多人眼里就是过剩的信息，他们会自动过滤。你也是消费者，我相信你完全知道我在说什么。

　　你看大家熟悉的耐克，它的产品其实很简单，是鞋子而已，但是你很少看到它的营销内容是讲鞋子的，它绝大多数的营销内容讲的是运动员的进取精神，围绕品牌价值"立即行动"。它的品牌价值，无论你是否意识到，和所有的人都产生了不同程度的情感共鸣，因为每一个人内心都希望拥有这样的人生态度，每次看到这样的文字或者围绕这个品牌价值的营销内容都会感到是在给自己打气一样。鼓舞人心的内容，人们就愿意花时间去观看和自发传播，人们也只会愿意去传播那些和自己有共鸣的内容，就如发朋友圈一样，其实你发的内容都是内心价值观的映射。

　　事实上你的产品可能被模仿，质量也可能被超越，价格也可能随时被打败；而独特的价值主张其实是很难被模仿的，因为就算你告诉竞争对手，他们也不一定领悟和理解它的重要性。所以你所相信的价值非常有可能会成为你的核心竞争力，因为现在的消费者很多时候不是因为你卖什么而买，而是因为你为什么卖你所卖才真正做出购买的决定。

当我们的品牌价值特别清晰的时候，我们就可以围绕品牌价值不断地输出和大家有情感共鸣的营销内容，真正建立情感链接；而不只是围绕在产品或者促销上，导致营销内容越来越窄。

我会在接下来的章节里反复讲到品牌价值的重要性，确切地说，
品牌的价值贯穿了整个营销战略。一个企业的品牌价值就如一个人的灵魂，
没有灵魂的东西是很难打动人心的，你也终究无法摆脱卖货的困境。
所以在营销之前，一定要找到自己坚信和代表的价值。
国内很多企业同样存在着这样的问题——没有一个确定的价值定位导向。

品牌价值示范

NIKE

"为世界上的每一个人带来激励和创新。"
（耐克）

AMERICAN RED CROSS

"通过充分利用志愿者的能量和捐赠者的慷慨，防止并减轻人类在危急时刻受到的伤害。"
（美国红十字会）

STARBUCKS

"启发并陶冶人文精神。一个人、一杯咖啡和一个社区。"
（星巴克）

清晰且简明地表达你的公司致力于何种目标。品牌价值应当能够定义其存在的意义。

愿景经典案例

"让电脑走向千家万户。"

　　　　——微软刚开始创立时候的愿景

"为所有澳大利亚人提供更好的健康和福祉。"

　　　　——澳大利亚卫生署

"没有阿尔茨海默病的世界。"

　　　　——阿尔茨海默病协会

"愿景"是指企业带领自己的员工和消费者共同向往的那个地方，这里强调的是"哪里"——一个美好和共同向往的世界。

使命经典案例

"通过无与伦比的故事情节来娱乐，影响和激励世界各地的人们，反映我们作为世界一流娱乐公司的标志性品牌、创意思维和创新技术。"
——迪士尼

"以普惠价格提供品牌眼镜，同时开展有社会意识的商业活动。"
——瓦尔比派克眼镜公司

"搭建沟通东西方的桥梁。"
——CLOT（凝结集团，陈冠希创办）

"使命"强调的是公司存在的意义以及通过做什么来实现自己的愿景；

公司为什么要做现在所做的事情。

定义你的品牌价值

定义你的品牌价值

在打造一个目标受众可以信赖的品牌之前，你需要知道你的业务能够提供何种价值，清晰并简明地表达你的公司致力于何种目标，品牌价值应当能够定义其存在的意义。品牌塑造要从细节做起，同时要牢记首先关注目标受众小群体。

利用右上方的空间为你的品牌价值构思词语和想法；写下正式的品牌宣言。

设计你的品牌声音

我希望我的品牌让人觉得_____

_____让我有同样的感受。

当人们接触我的品牌时，我希望他们_____。

能够形容我的品牌的三个词语是_____；_____；

_____；我希望效仿_____

的品牌声音。

我不喜欢听起来_____的品牌。

与我的客户互动让我感觉_____

_____。

在你传达消息的同时，有无数的形容词和可能性可以构建品牌声音：

- 专业
- 友好
- 服务导向
- 权威
- 技术
- 推广
- 谈话式

……

品牌声音取决于公司的使命、目标受众以及行业。这代表着你如何与客户沟通，以及他们如何回应你。

在上方空白处填写内容并注意语气，是有趣的、学术的，还是叛逆的？

通过这样的语气来确定如何统一使用品牌声音来传达你的品牌。

产品定位

改革开放至今，我们的企业练就了一个非常重要的本领，那就是生产产品的能力。我经常遇到客户对我说，我们是帮苹果或者一些大品牌做代加工的，我们的产品质量绝对没有问题。我也认识很多亚马逊或者天猫的销售人员，他们对平台的产品了如指掌，似乎世界上没有他们生产不出来的产品，只要好卖，第二天就能生产出来，这种能力绝对是一个优势，但是如果你总是去卖大家都在卖的产品，我不知道除了价格的恶性竞争以外，我们还有什么优势去面对国际市场。

如果我们考虑问题都是从产品的质量或者价格入手，那么我们可能会输得很惨或永远都停留在整个生态圈的最低端，因为世界上所有卖得好的产品，质量不一定是最好的，价格也一定不是最便宜的。

你一定要找到人们购买你这个产品的理由，思考产品如何满足人的某种需求。这种需求很多时候是超越产品功能的，所以我们一定要跳出产品这个框架，从人的需求角度思考这个问题，并且要理解其实产品很多时候只是文化和信仰的一个载体。对于绝大多数非功能性的产品而言，共同的文化和价值共鸣才是人们购买的理由。

所以你要问自己的问题是，我的产品属于哪一种？如果说是功能性需求，那么你的产品功能是不是在这个行业没有竞争对手？如 MP3（音乐播放器）变成 IPOD（便携式多功能数字多媒体播放器），瞬间可以把 1000 首歌曲放进口袋。或者说人们愿意花几万元购买你的牛皮包包而不愿意花 5000 元去购买一头牛。大家都知道这属于满足社交需求的产品，如一些奢侈品。或者说你的产品满足了某种情感需求，人们在购买你产品的时候产生了某种美好的情感。

> 如果根本不知道自己的产品定位在哪里，那么你的营销投入就相当于把钱冲进了马桶里，为什么？因为我们活在一个产品过剩的世界，我们不再需要雷同的产品。

产品的定位不是什么好卖就卖什么;

而是你的产品在市场上找到自己的独特位置。

我们现在就从人类的需求角度来分析一下。你看，其实这个世界上所有的产品和服务都是为了满足人的需求而出现的，我相信你不会怀疑这一点。

你可能比较熟悉马斯洛的需求层次理论，其实这就是一个很好的理论依据，也就是说，你的产品是否能够满足这些需求或者其中的任何一个是你需要问自己的一个问题。

从产品角度来说，有三种基本需求，它们分别是：功能性需求、情感需求、社交需求。

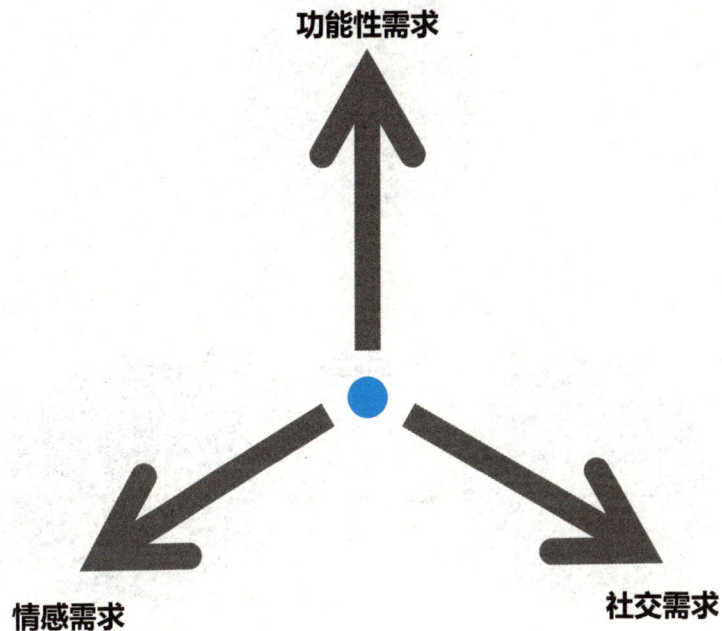

功能性需求

情感需求

社交需求

量身定制

产品趋势

合作款　　　限量版

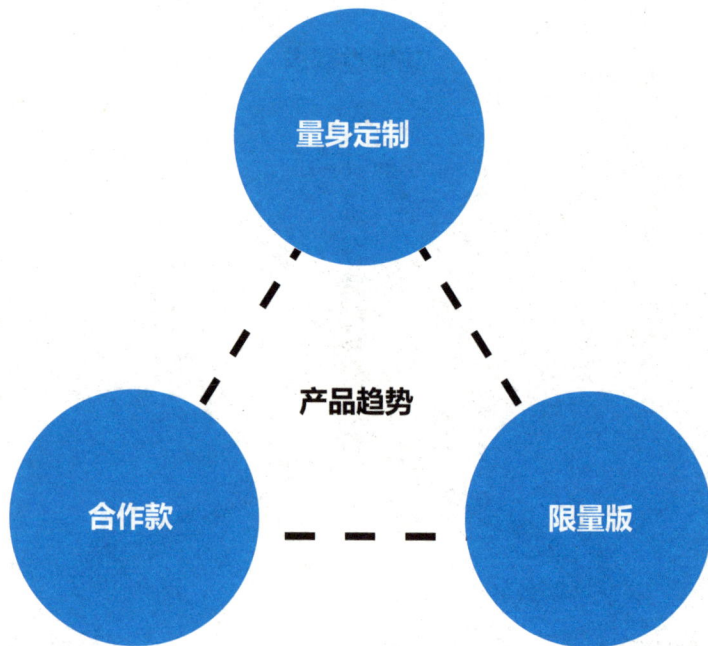

在这里，还需要补充几个重要的产品生产趋势和灵感方向

根据 SALESFORCE（美国一家软件服务提供商）的数据，59% 的客户会因为量身定制而选择某个品牌。其实我觉得国内的生产能力在这方面完全没有问题，就是看自己的产品如何给客户提供个性化的体验。

除此之外，当品牌发展到一定阶段的时候也可以考虑限量版或者和其他相关品牌的合作款产品，这些都是目前比较流行的产品定位方向。例如美国一个卖袜子的品牌 STANCE 就和NEW BALANCE 等品牌合作造势，获得了非常大的成功。

产品灵感方向

关注政界

特朗普的女儿伊万卡是中国粉丝，她很喜欢穿中国式衣服，特朗普太太梅拉尼娅来中国也穿了旗袍。中国风是我们中国企业应该考虑的一个重要方向。

关注好莱坞电影

《冰雪奇缘2》电影中的很多设计元素都被日本黑穗公司（KURAUDIA）应用到了自己的产品中，该公司设计出的各种系列的婚纱大受欢迎，这种方式值得借鉴。

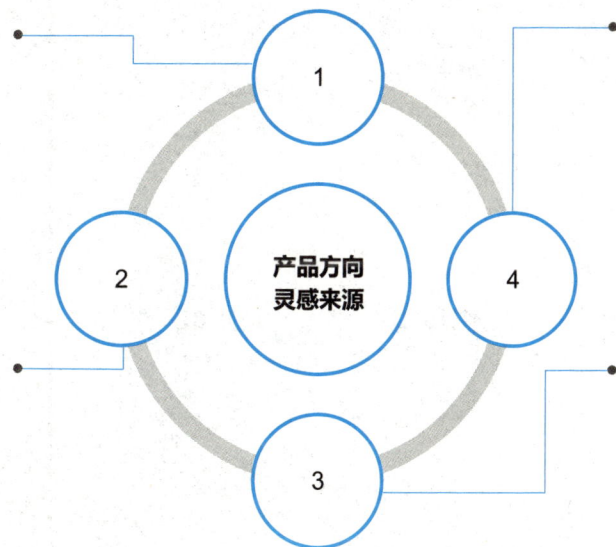

关注乐坛流行趋势

乐坛的力量不容忽视，无论是嘎嘎小姐（LADY GAGA）在歌词中提及的服装品牌还是汉默（M.C HAMMER）在舞台上穿的裤子都是让粉丝们极度追逐的潮流。当然这个和预算有关，不过如果当红歌手愿意合作的话，这就是非常快速推广某种品类的方式。

关注热门话题

关注实时新闻，洞察市场话题，在不参与争议性政治话题的前提下第一时间融入相关的图文设计是一个非常好的灵感来源。

产品方向灵感来源

1
2
4
3

大家熟悉的陈冠希创立的 CLOT 品牌就很好地应用了中国风的元素，
无论是丝绸的应用还是兵马俑元素的设计都是很成功的尝试，
他在推广中国风这个事情上给我们国内的企业带来了更多的产品创作灵感。

产品定位信息

特性	质量	益处 01	益处 02

特性	质量	益处 01	益处 02

示例

- 可靠且透明的客户服务。

- 更好的支持生产效率的方式。

- 通过性价比更高的方式降低成本。

- 节省日常工作的时间。

- 满足某种情感需求和价值感。

需要特别注意的是，这不仅仅是一份能够向客户提供的特性细目清单。

应当考虑你提供的价值会如何改善客户的生活（他们能够体验到的成果或结果），

它们应该更多强调的是什么是除了你之外没有其他人可以提供的，建议你和你的团队跳出产品功能框架。

品牌视觉定位

你看迪士尼的米老鼠人见人爱，臭水沟的老鼠人见人恨，其实它们在本质上是一样的，都是老鼠，但是其表现形式不一样，给人的感觉完全不同。

当然你可能会说审美是一件非常主观的事情，我完全同意你的看法，所以你在设计任何有关品牌视觉内容的时候，一定要确定自己的目标群体是谁。很多客户找我们谈品牌方案，我问的第一个问题就是网站的颜色，然后字体是谁决定的。他们往往会告诉我要么是做网站的公司决定的，要么是老板决定的，你看这是多么搞笑的一个决定。因为这些是用户的最大触点，网站其实是给用户看的，所以应该由你的用户来决定其视觉效果。

在这个信息过剩的年代，你的目标客户会从不同的渠道接触到你的品牌，他们会出现在你的官网或者多个社交媒体上，也会通过你的邮件广告接触到你。所以我们在所有的消费者触点上都应该保持视觉的统一性，就如你去世界上任何一个星巴克感觉都很熟悉。除了产品类似以外，它的视觉呈现，无论是颜色还是字体都是统一的，统一其实也是提高客户购买率的一个非常重要的细节。

如果你的目标客户去你的官网看到的是一个颜色，而到了你的社交媒体又看到另外一个完全不相关的颜色，在不同的地方呈现的字体又完全不同，这些视觉效果都会影响你的营销成效和你在目标客户心目中的感觉。不要忘记了，品牌本身就是一种感觉，而营销这个过程其实就是在用户心目中传递你想让他拥有的那种感觉。

所以在营销之前，你一定要确定自己的视觉定位，确保你所有的营销渠道和传播的内容在视觉上保持一致，并且确定你品牌的样子是你目标群体喜欢的样子，而不只是你喜欢的样子。

> 所有人都说不要以貌取人，而事实上绝大多数人都以貌取人，有一句话叫"你没有第二次机会去打造自己的第一印象"就说明了一切。所以在确定了营销渠道以及营销内容之后，我们在营销之前还需要确定自己的视觉呈现方式。

设计你的品牌

办公／零售环境

如果一位客户走进你的办公室，或者一位顾客走进你的零售店，你的品牌信息应当在下列区域清晰可见：

- ☐ 标识、陈列
- ☐ 产品、包装
- ☐ 室内设计
- ☐ 名片
- ☐ 宣传材料
- ……

网站

网站是品牌建设工具包中最重要的资源之一，它是所有线上营销效能的中心。

核心要素包括：

- ☐ 强有力的、显著的行动指引
- ☐ 安装谷歌分析
- ☐ 为搜索引擎优化的内容
- ☐ 能够轻松找到的联系信息
- ☐ 移动设备的设计和功能
- ☐ 一个简单的导航系统和用户体验
- ……

社交媒体平台

利用品牌指南来实现颜色及标志使用、字体、图像、图标以及图形化界面中图案的一致性。

- ☐ Facebook（脸书）
- ☐ Google+（一个 SNS 社交网站）
- ☐ Twitter（推特）
- ☐ LinkedIn（领英）
- ☐ Instagram（Facebook 公司旗下社交应用）
- ☐ Pinterest（一个照片分享网站）
- ☐ YouTube（一个视频网站）
- ……

你的品牌信息应当是显眼的，并且在所有你的客户能够看到、阅读到和听到的地方都能清晰地反映这一点。
核对这份清单以确保你的品牌形象和信息在各处都保持统一。

我相信到这里你大概已经理解了营销前期准备的重要性。很多企业出海之所以在营销上越做越挫败，主要原因就是基本功没有做好就开始大力推广，导致营销投资回报比例越来越低，也越做越没有方向和信心。如果盲目进入市场，那么我们只会发出更多的噪声，而不是发出自己独特的声音，最后一定淹没在嘈杂的市场中听不见一点回响！如果营销是风的话，那么品牌其实就是你的火，如果火苗不行，那么再大的风其实都是无济于事的。

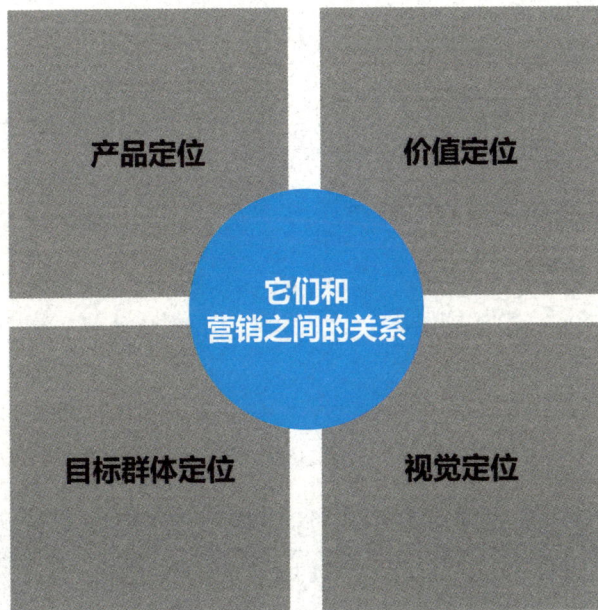

它们和
营销之间的关系

产品定位

价值定位

目标群体定位

视觉定位

产品定位

解决客户的问题，给他们带来好处将是营销内容的重要组成部分。一定要跳出产品本身这个框架，没有文化这个载体，产品永远只会停留在货物这个层面。

价值定位

营销和促销是不同的，营销的主要工作是传递品牌价值。如果我们的营销内容全部围绕产品和促销展开，消费者很难达成共鸣，那么也就很难实现品牌信任度和品牌喜好，自然也不存在品牌的溢价和忠诚。

目标群体定位

出现在什么渠道以及在这些渠道上传播的内容是否能够引起目标客户的注意，这是很重要的。如果你都不知道客户是谁，他有什么喜好，那么我们的营销内容和渠道就失去了方向。

视觉定位

无论我们在什么营销渠道传播，其内容视觉呈现的统一性都非常重要。内容的字体、颜色、风格以及基调都是由视觉定位来决定，要让目标客户对品牌有清晰的视觉认知。

市场调研

竞争对手	品牌信息、形象	产品或服务的质量	评价	营销战略
01				
02				
03				
04				

当然这些营销的前期准备也不是拍着脑袋随便想出来的，最科学的做法就是和专业的本地化品牌公司合作，

进行完整的市场调研，研究竞争对手和市场格局，再结合自身的实际情况，

找到自己品牌定位的突破口，然后一步一步确定自己的目标客户群体和品牌的视觉呈现方式等。

品牌打造三部曲

认知的力量是很强大的，认知决定了信任，而信任驱动着行为。因此，你的客户如何认知你的品牌就决定了他或她将如何与你的品牌互动。成功的品牌塑造能够在混乱中创造秩序并有效地塑造客户对我们的认知，从而以极其有价值的方式影响购买行为。

为了能够更好地帮助你理解营销之前的这些准备工作，我美国的同事和我特意录制了有关品牌打造的视频和你分享，希望能够帮助你找到品牌定位的方向和灵感，请扫描右侧二维码观看视频。

品牌打造三部曲

品牌定位的核心在于找到你的使命；

你愿意承接使命，并且这个使命与大众相关，上帝才会帮你、

赋予你资源和能量！

这才是真正的自信和强大！

————————

第二章　数字化营销战略

营销是为了提高品牌的溢价能力，而不是换一个地方做促销。

　　大家都知道品牌之所以有如此大的魅力主要是因为品牌有一种能力，那就是溢价的能力。这同样适用于B2B企业，YKK拉链就是一个很好的例子。我想这种能力随处可见，随处可见的星巴克咖啡还有名牌店里的包包都是溢价能力很高的品牌。你也知道品牌其实就是人们对某样东西的认知，它看不见摸不着，却影响着人们为品牌溢价买单，而营销肩负的重要责任就是要去传播这种认知，所以说营销的过程就是传递品牌认知的过程，而促销其实只会在很多时候伤害这种认知。营销和促销是两个完全不同的概念，营销的目的是让消费者最终愿意为我们的品牌溢价买单，并且自发地为我们的品牌宣传，这就是这个章节最重要的核心所在。

主要内容

数字化营销战略 ● **消费者触点**

● **营销战略 RANCE 模式**

● **接触目标客户**

● **吸引目标客户**

● **培育目标客户**

● **转化目标客户**

● **提高复购率与粉丝转化**

消费者触点

为了打造品牌，首先我们要了解我们的消费者，因为品牌和人一样，你需要不断地接触和互动才有可能去打造认知。所以在我们谈论营销之前，先要了解数字化年代消费者的消费路径，只有这样我们才有可能去接触他们，了解他们，和他们互动以及产生链接。对于 B2B 企业来说，了解采购者的路径显得非常重要，因为 B2B 采购的销售流程更长，其参与的决策者也会更多，所以对于 B2B 品牌来说，了解其客户的行为路径显得尤为重要。

谁能掌控大媒体时代，谁就比较容易打造自己的品牌知名度。这样的例子有很多，如羊羊羊，送礼就送脑白金等等。在那个年代，这些都是成功的案例，但是这样的成功需要投入成本很高，如果你希望有几十亿元的销售额，前期可能需要几亿元的广告投入，这对于很多中小企业来说是不可能做到的事情；而且在大媒体时代，我们能够接触消费者的触点非常有限，消费者只是被动接收广告，商家只是通过第三方媒体播放自己的广告，商家也很难真正了解消费者的行为路径。

随着时代的发展，消费者的行为也发生了巨大的改变，从之前比较单一的被动接收广告到如今的主动搜索和自媒体分享就是一个最根本的改变。

之前商家拥有更多的话语权，而如今消费者掌握着绝大多数的话语权，他们不再喜欢被广告打断。如果他们需要什么，他们会主动搜索，做足自己的功课，就如你和朋友去吃饭，找一家安静有档次的西餐厅，你会直接拿出手机在大众点评或者 YELP（美国最大的点评网站）上搜索，或者在社交媒体上看朋友的推荐。在这个决策过程中，没有商家会打扰到你，至于吃的好不好，你还可以分享给更多的朋友，而这一切都掌控在你自己手上。

据 HUBSPOT（美国一家营销软件公司）数据统计，如今的消费者在真正接触商家的时候已经完成了购买决定的 70%；也就是说，当他出现在你的网站或者实体店的时候，他基本上已经做好了购买的决定。所以在这个过程中，你最应该做的事情是思考如何让你的目标客户找到你，给出他们选择你的理由。为了帮助大家能够更加直观地理解，请看接下来这张消费者路径图。

消费者路径

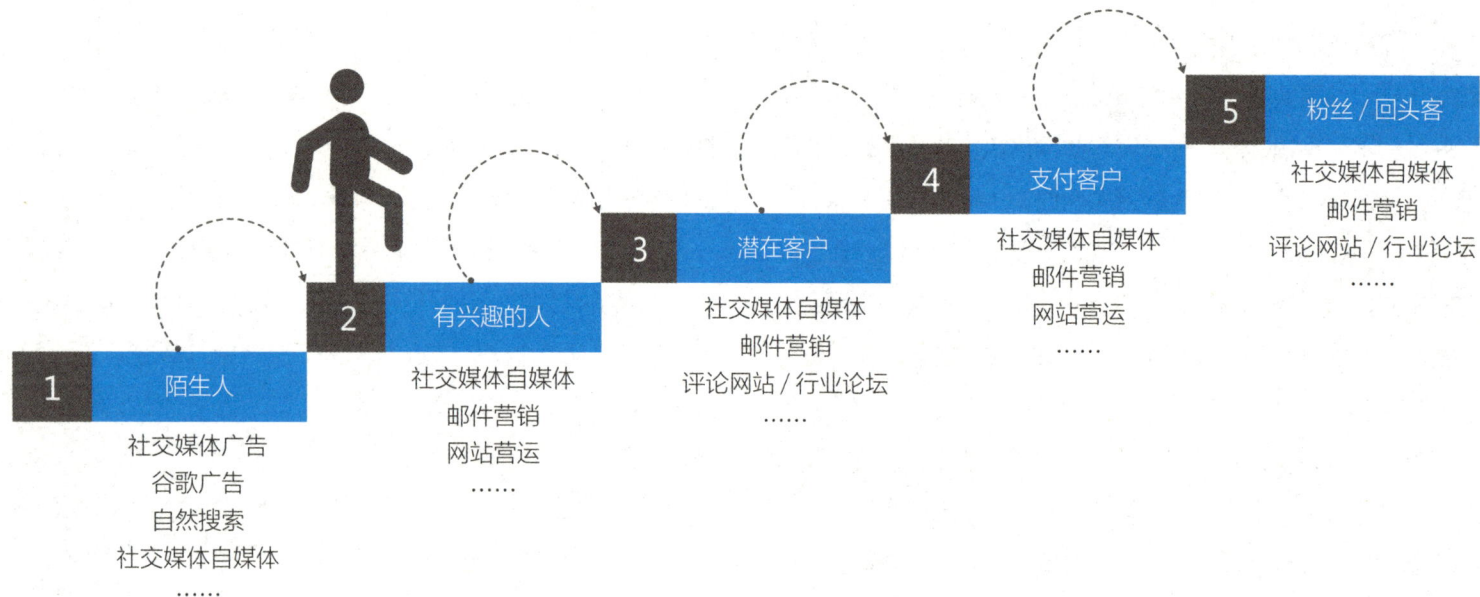

1 陌生人
社交媒体广告
谷歌广告
自然搜索
社交媒体自媒体
……

2 有兴趣的人
社交媒体自媒体
邮件营销
网站营运
……

3 潜在客户
社交媒体自媒体
邮件营销
评论网站 / 行业论坛
……

4 支付客户
社交媒体自媒体
邮件营销
网站营运
……

5 粉丝 / 回头客
社交媒体自媒体
邮件营销
评论网站 / 行业论坛
……

我们发现消费者从陌生人到真正成为你品牌的拥护者大概需要经历五个不同的阶段，

在每个阶段他们都会出现在不同的渠道触点上，而在不同的阶段他们又有着不同的顾虑，

如他们在考虑阶段，可能更多的是查看其他消费者的评价，所以他们会去搜索引擎查询你的客户评论；

在购买阶段，网站是否提供简单明了的退换货政策和是否符合他们购买习惯的用户体验都是你需要优化的触点，

为了提高品牌黏性，我们应该在每一次和消费者接触的时候去塑造他们对你品牌的认知。

营销战略漏斗 / 流量闭环

国内有很多平台的卖家经常讨论数字化营销，但是其实数字化营销和平台内的营销是完全不同的两个概念。平台内部的营销只是平台根据自身的规则把流量分销给平台上的店铺。很多平台虽然效果不错，但是其根本问题在于平台广告的成本以及和同行之间的恶性竞争无法从根本上得到解决。平台的问题就如强势的房东和租客之间的关系，其规则由房东制定，随着租客越来越多，房东不停地修改规则来管理这些房客，最终导致房客非常被动和无奈，其获客成本越来越高，那么自然利润越来越少。所以平台内部的营销更多的是围绕平台本身的规则进行优化的一个过程，这个和数字化营销是完全不同的概念。而且平台最关键的问题是我们只是通过平台接触到了目标客户，我们很难和他们建立真正高质量的关联，也没有办法进行后期互动并培育这些流量，这就导致了营销投资回报比例很低，也无法有效地建立品牌，我想这个是所有平台品牌的最大痛点。

数字化营销给我们提供了一个全新的战场，数字化的世界和平台之间的关系就如宇宙和一颗小星球之间的关系。关键问题就在于我们是否可以在这个浩瀚的宇宙中有能力吸引和转化我们自己的目标客户，建立自己的流量闭环，这才是数字化营销战略的真正魅力所在。

为了能够帮助你更好地理解流量闭环这个概念，请大家看接下来的这张漏斗图，之所以称之为"漏斗"是因为你接触的所有目标客户不可能全都走完全程最终成为你的消费者或者粉丝，他们在每一个阶段都有可能会流失，所以你的营销工作就是要尽可能让目标群体一步一步往下移动，最终让他们成为你的粉丝并且回到"漏斗"的各个阶段为你的品牌呐喊助威，这就形成了一个流量闭环和良性循环。

在接下来的章节里，我会把网站浏览者经历的五个不同阶段逐一拆解，和你分享在每一个阶段我们应该制定什么目标来解决流量在不同阶段的问题，真正打造我们自己的流量闭环和提高品牌溢价能力。

营销战略 RANCE 模式

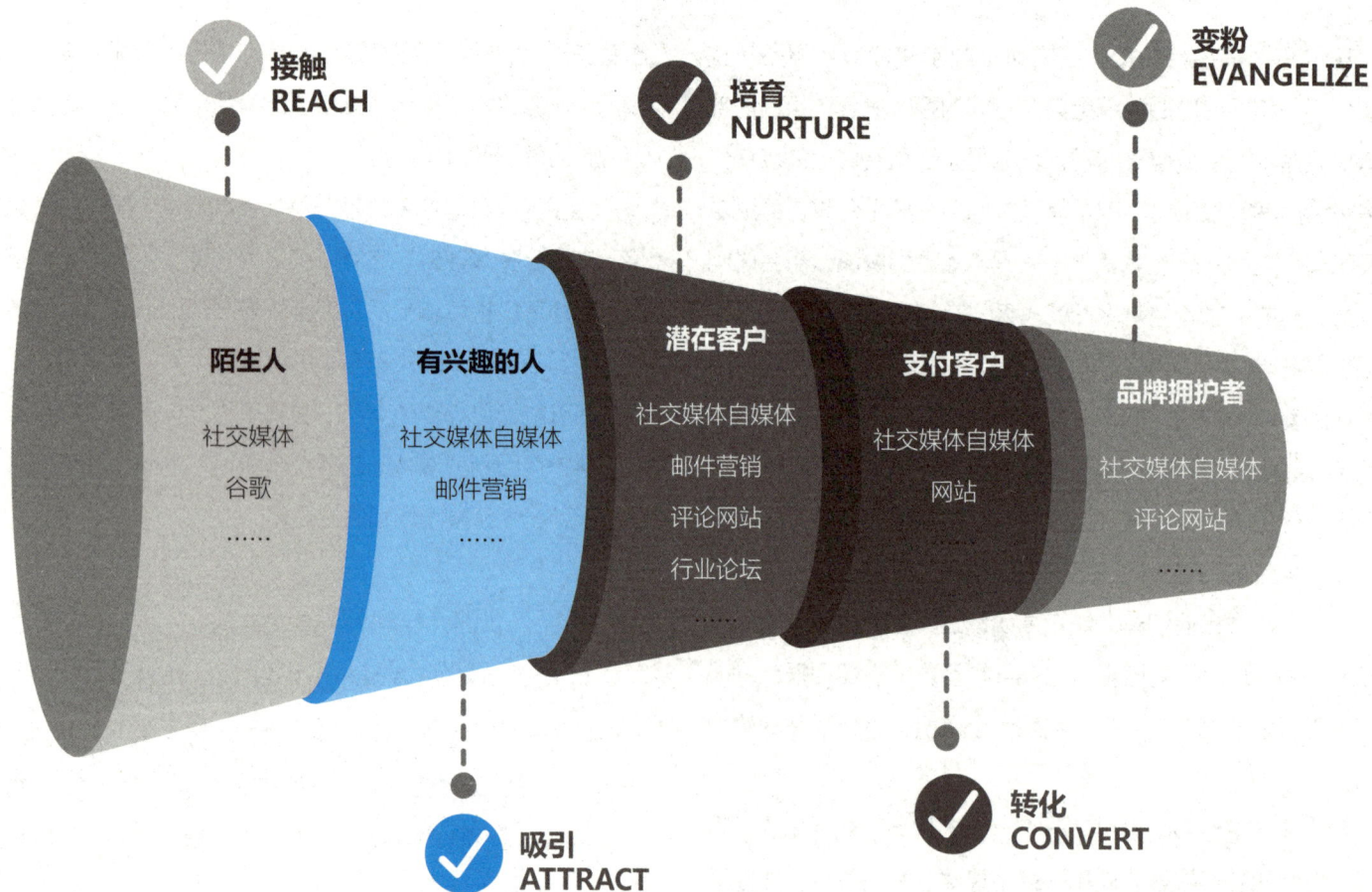

接触
REACH

培育
NURTURE

变粉
EVANGELIZE

陌生人

社交媒体

谷歌

……

有兴趣的人

社交媒体自媒体

邮件营销

……

潜在客户

社交媒体自媒体

邮件营销

评论网站

行业论坛

支付客户

社交媒体自媒体

网站

品牌拥护者

社交媒体自媒体

评论网站

……

吸引
ATTRACT

转化
CONVERT

接触目标客户
营销第一阶段

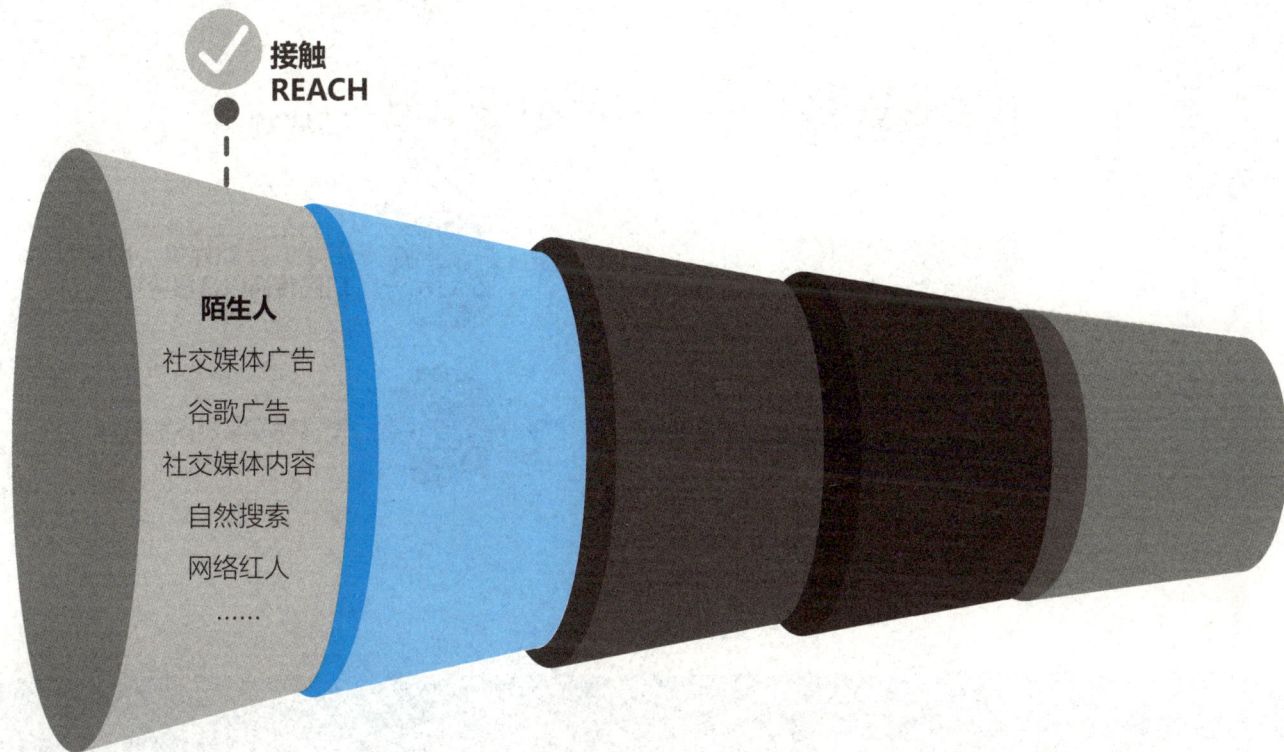

接触
REACH

陌生人

社交媒体广告

谷歌广告

社交媒体内容

自然搜索

网络红人

......

品牌阶段性目标	● - - - ●	**打造品牌意识和流量闭环**
流量最大问题	● - - - ●	**不认识你**
触点（营销渠道）	● - - - ●	**谷歌、社交媒体、网络红人、口碑传播以及展会等**
你的工作重点	● - - - ●	**把目标流量引入流量池**

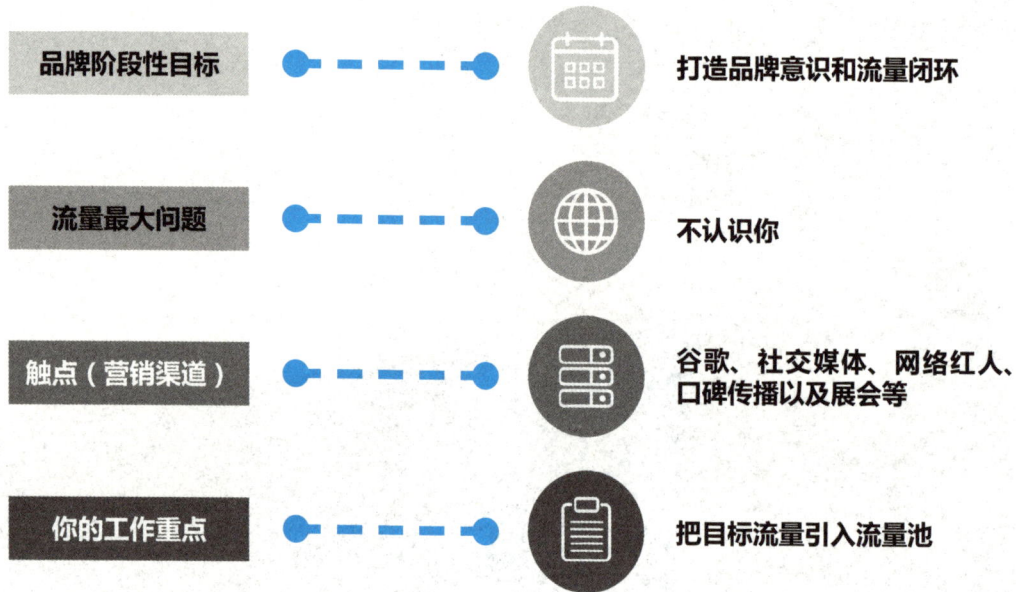

谁都希望在第一个阶段就让我们刚刚接触的陌生人做出采购行为甚至变成我们的粉丝，而事实上这是不可能完成的任务。一个陌生人从接触你到对你有兴趣一直到成为你的粉丝，需要一个比较长的过程。无论人和人之间还是人和品牌之间，都是这个道理。

所以在第一个阶段，我们的目标就是先和目标客户接触，找到让他们后续跟进的方式，接下来我和大家分享一下接触目标客户最行之有效的几种数字化渠道。

关于谷歌的重要数据

接触方式：谷歌搜索

关于谷歌，我想通过三个重要的数据（来源：HUBSPOT）和你分享背后隐藏的一些逻辑：

重要数据：

搜索量： 每年在谷歌上的搜索量是 2 万亿，也就是大概每一秒钟有 63,000 次的搜索，这里面应该有很多是搜索你正在销售的商品。

自然搜索： 70% 的用户会点击自然搜索而非付费搜索。

查看页面： 前三页的点击量占了总量的 60%。

这些数据表明：

如果你希望被你的目标客户找到，你需要做的事情就是让你的网站出现在自然搜索的前三页，如果可以出现在前十页也不错。从数据来看，出现的页面越靠前，自然就能接触到越多的目标客户。

这里需要指出的是，不是你支付的谷歌广告费用越多，你的网站就越容易被点击，事实上谷歌的支付广告与自然搜索排名是完全没有关系的。谷歌不会因为你的广告而提高你网站的自然排名。

第二个数据其实还透露了一点，那就是人们已经不再信任用钱做的广告，他们更愿意相信那些自然搜索排名往前的网站，因为他们相信这样的网站是被谷歌信任的。

当然，如果你有足够的广告预算，建议同时投放支付广告，因为人们如果经常看到你的支付广告，自然会提高对你的品牌的信任度。

影响自然搜索的四大因素

1. 网站站内优化

无论是你网站的速度、TAGS（标签），还是页面标题、站内链接等都会影响谷歌对你的认知，所以要请专业的技术人员进行全面的站内优化。

2. 外链质量

要注重链接的质量而非数量，很多搜索引擎公司告诉你，他们可以用一个晚上或者很短的时间帮助你提高排名，那么他们的方法一定是有害的。找到和你品牌相关的外链合作才是最棒的选择，如那些帮你写博客的合作博主的链接。

3. 内容更新

谷歌最喜欢那些经常更新内容的网站，因为这说明这个网站是活跃的，所以打造自己的内容营销战略以及博客战略绝对是上上之策。

那么我们该如何提高自己在自然搜索的排名呢？千万别觉得这仅仅是一个技术问题，自然搜索引擎的优化肯定有一定的技术含量，但是真正重点不在于技术。为了方便大家一目了然，我们给大家总结了一些最流行的营销战术来提高你网站的自然搜索排名。

4. 锁定关键词

很多朋友根据谷歌产品关键词的搜索量来确定自己的关键词是一个错误的做法，因为这样你面临的竞争很激烈。你要站在目标客户角度思考他们可能会搜索的产品关键词，然后避开高竞争的关键词，最终确定自己需要优化的关键词。

内容的重要性

谷歌最大的资产是其搜索用户，人们通过搜索引擎搜索他们想要的产品或者信息，谷歌要做的工作就是精致匹配，否则就不可能有今天的成就。

简单地说，谷歌通过不断优化的技术算法快速精准地做好这个匹配工作就可以了，所以谷歌算法的一个重要标准就是确定这个排名靠前的网站有不断更新的能力并且有和搜索者相关联的优质内容。

从这个角度来看，你不需要去研究甚至知道谷歌是怎么算的，你唯一需要担心的问题就是自己是否给搜索你相关产品的人不断地分享有价值和有用的内容。如果你有，那么请放心，谷歌自然会公平公正地把你的网站慢慢往前移动，你又何必知道它是怎么算的？

提高自然搜索排名的方法中，性价比最高、最有效的方式就是写博客。很多国内客户其实已经意识到了博客的重要性，我觉得之所以没有认真做好这一点主要有以下几个原因：

▶ **急功近利**：关于这一点，我唯一的建议就是做一个长期主义者，凡是有价值的事情都不会轻易有结果。对于博客，你至少要有一年的执着。

▶ **语言问题**：主要是语言地道的问题。就算是一个以英文为母语的美国人，如果没有受过专业的训练，也很难写出有助于搜索引擎优化的文章。所以关于这一点，我只能建议把写博客外包给美国专业的营销公司。

▶ **主题不明确**：很多客户不知道应该如何规划好的内容主题。

　　我们根据经验总结了以下几点建议，你可以根据自己的实际情况和品牌的发展阶段来计划和撰写博客。

关于博客的几点建议

站在客户角度

无论是在社交媒体还是客服服务中遇到的客户的问题就是你最好的主题内容，围绕这些常见的问题展开话题就是最好的博客主题，这里的关键词是站在客户的角度，而不是一味地宣传自己。

值得分享

在你开始写之前，先问自己一个问题，阅读的人会觉得这篇博客值得分享吗？站在这个角度撰写你的博客会带来完全不一样的结果。有时候在文章的最后加上一个让客户采取行动的内容也是非常有效的方法。

免费礼品

提供免费礼品这样的方法永远不会过时，哪怕只是为了鼓励阅读者留下他们的评论而给与一定的优惠码都是非常有用的方法。

小而美

千万别觉得写得越长就越好，事实上现在已经信息过剩，除非你有非常专业的服务机构。一般来说，文字在 300—400 字是最好的。一方面，不能低于 300 个字，否则搜索引擎很难抓取到你的信息；另一方面，对于超过 400 字的博客，阅读者一般都不会读完。

朋友的语气

本书一开始就说到了目标客户的重要性，之所以要了解自己的目标客户，是因为任何营销的内容都需要站在他们的角度去制作。不要让自己的博客看上去非常官方，我们应该用他们的语气和他们交流，就像和朋友聊天一样。

与写手合作

如果你是卖女装的，你可以邀请一些时尚达人合作定期撰写博客，如给他们提供免费的服装换取他们的博客等，包括你社交媒体的粉丝以及现有客户都是非常好的合作对象。如果你不问，答案永远都是"不"。

每周更新 2—3 次博客的网站所获得的自然流量要比从不更新博客的网站多 88%。（数据来源：HUBSPOT）

广告的投放

当然，在品牌意识打造阶段，如果你有一定的广告预算扩大你的影响力就最好。广告预算的多少直接影响了你接触目标群体的广度和速度。大家都知道，广告业务是社交媒体和谷歌这些公司的主要收入来源，所以请大家不要认为这些广告的操作非常困难，相反，其实这些广告的操作非常简单，简单到你可以自己动手做。

其实你可以想想，对于 FACEBOOK（脸书）或者其他媒体来说，他们希望他们的用户，无论是企业或者个人都可以在他们的网站投放广告，这样就能增加他们的收入，所以他们在官网上有着非常清晰的广告指南。如果你和你的团队能搞懂国内外贸 B2B 平台或者跨境 B2C 平台的规则，那么你就一定可以轻而易举地掌握社交媒体和谷歌的广告投放。

从我的观点看，如何使用这些广告功能根本不是问题的重点，真正的重点在于广告内容以及广告给谁看。国内很多培训机构在教你如何做广告的时候更多注重的是一些技术操作问题，真正影响广告效果的其实是广告的内容以及受众，而这两个问题的答案其实 FACEBOOK 也帮不了你，FACEBOOK 只是给你提供了一个接触目标群体的机会和平台。至于这两个问题的答案，我相信你读完这本书以后会有更加清晰的想法。

具体怎么操作不是我们这本书想要讲述的重点，在其官方网站就可以获得很多的知识。为了提高大家的工作效率，我们帮助大家整理了所需要了解的方方面面，大家可以扫描下方二维码下载阅读。我也建议企业自己招聘和培养相关的工作人员来完成这项工作，这样可以控制预算成本。

接触目标群体的广度和深度

当然还有一个大家经常提及的营销战术可以帮助你快速接触到更多的目标客户，那就是借助网络红人或者行业有影响力的人，大家称之为 KOL 或者 INFLUENCER。

但是我个人并不建议一个新的品牌上来就进入这个方面的投入，因为假设现在 LADY GAGA 帮你在社交媒体上进行了宣传，是不是一下子就有很多的销售额？这个问题的答案是不确定的，如果你花了 100 万美元邀请了 LADY GAGA，效果一定会有，但效果的好坏其实还是和你的品牌目前的状态有着非常直接的关系。

在早期，我认为做好品牌内容的沉淀是关键。如果你的 FACEBOOK 官方页面目前没有什么内容和基础粉丝，大家通过 LADY GAGA 进入你的 FACEBOOK，发现什么也没有，或者说内容质量非常差，没有持续性和统一性，官网也没有让人舒服的视觉设计和浏览体验，产品也一般般，那么这种效果一定是打折扣的，你不可能去怪 LADY GAGA 影响力不够，我想这个道理你肯定懂。

事实上现在的网络红人、明星等渠道都是透明的，说白了，如果你愿意花钱，这些都可以帮你找过来，但前提是你先把自己的品牌和基础工作做好，再找也来得及。国内很多企业经常问我们有关网络红人和明星代言、电影广告植入的事情，说心里话，我打开他们的网站、社交媒体一看，我就说你们先把基础工作优化好再说吧。不是我们不想赚这个钱，而是你压根就没有准备好。

其实国内很多品牌同样有这个问题，现在比较流行的直播也好，网红明星也罢，都是这个道理，而且如果你的代言人出现问题，那么你也会受到牵连，所以要非常小心这个营销战术。绝大多数时候，花了很多的钱得到的只是一种"成功品牌"的虚幻感觉，消费者根本不买单。

至于明星代言或者电影广告的植入，你可以通过我们或者美国类似的品牌营销机构找到，但是要到时机成熟的时候。如果在品牌创立的早期，你希望能找到网络红人来帮助你快速接触目标客户，那么我建议你也可以自己寻找，而不是通过第三方机构。在这里，我们根据自身的经验给大家总结了一些工具，可以帮助你在这方面事半功倍。

海外红人合作平台

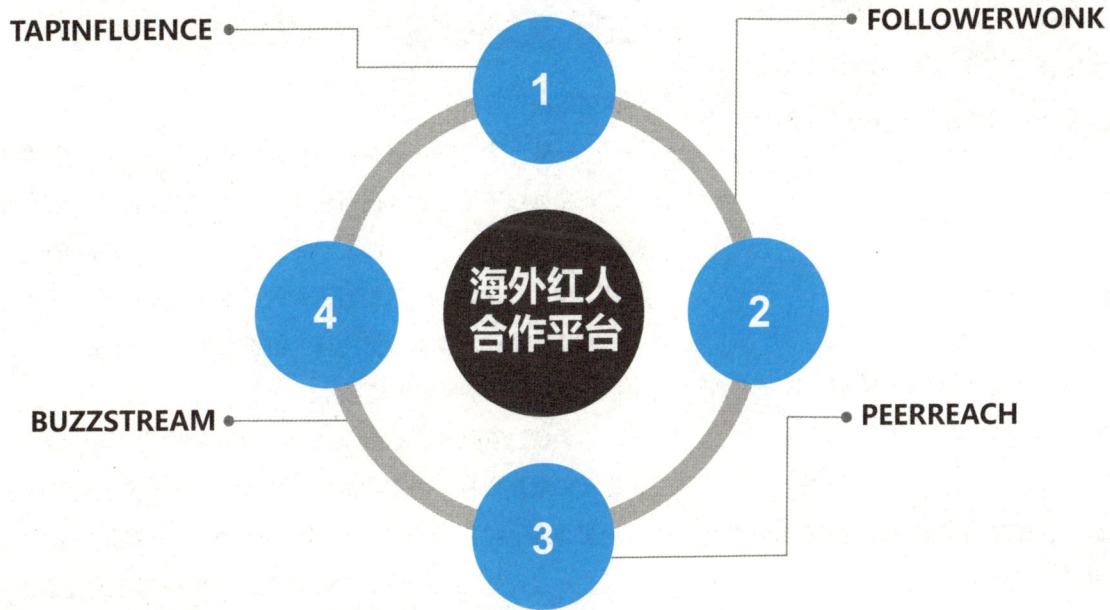

TAPINFLUENCE

FOLLOWERWONK

1

海外红人
合作平台

4

2

BUZZSTREAM

PEERREACH

3

"红人"是一把双刃剑，就如你找明星代言一样，一定要找到符合品牌价值的合作方式，

否则会给你的品牌带来不可逆转的伤害；同样，如果你找优秀的红人合作，

他们真正关心的是你的品牌价值是否符合他们的价值诉求，而那些给钱就做的红人其实对你的品牌没有太大的帮助。

红人、明星是一种信任的背书，而不只是传播的渠道。

关于社交媒体的重要数据

接触方式：社交媒体

关于社交媒体，我想通过三个重要的数据（来源：国外社交媒体管理平台 HOOTSUITE）和你分享背后隐藏的一些逻辑：

重要数据：

活跃用户：全世界大概有 44 亿网民，其中 35 亿活跃在各大社交媒体上；

活跃时间：大家在社交媒体上的活跃时间已经超过了平均每天 2 个小时；

FACEBOOK：从活跃用户数量上来看，FACEBOOK 大概有 22 亿的活跃用户，排名第一。

这些数据表明：

一般一个品牌可以结合内容、形式而专注于 2-3 个媒体，但是最好的方式是通过不同的媒体进行引流，把所有的流量引入一个大家都会在的媒体上进行培育和转化，那么显而易见，这个最好的地方一定是 FACEBOOK 商业页面，这个页面就相当于你的品牌和大家互动的网上社区。任何一个你知道的优秀品牌都会集中精力维护和管理好他们的品牌社区，这是如今品牌不可缺少的重要组成部分。

大家之所以把 FACEBOOK 商业页面看得这么重，我觉得一方面除了活跃用户数量以外，最主要的是它先入为主，大家已经习惯了这个媒体，同时最重要的是它的功能。国内的微信公众号可能是现在很多品牌的标配，但是从互动性和功能性上来说，FACEBOOK 有着更加强大的作用，它除了可以发布品牌任何形式的内容以外，还可以和粉丝进行各类活动的互动，用户也可以在你的页面进行内容的分享和评论，这无疑给品牌提供了一个链接和转化目标群体的绝佳机会，所以 FACEBOOK 商业页面是你最好的流量池。

FACEBOOK 流量池

至于如何建立 FACEBOOK 商业页面，在 FACEBOOK 官网或者 YOUTUBE 上你都可以找到非常清晰和简单的操作流程，我就不在这里赘述。在接下来的章节里，我会和大家分享在不同的阶段用不同的内容和我们的目标群体互动，实现一步一步的目标流量转化。

接触目标客户

FACEBOOK 最大的价值就在于全球 20 多亿的活跃用户，你可以通过其广告功能无限地接触目标客户。

品牌情感链接

品牌就是输出价值，社交媒体的活动页面给与了品牌通过活动互动在情感上链接和转化消费者的能力。

FACEBOOK
流量池

高效客户服务

75% 以上的用户希望能够在品牌的 FACEBOOK 页面上于一个小时之内得到信息反馈，FACEBOOK 无疑提供了一个高效的沟通渠道。

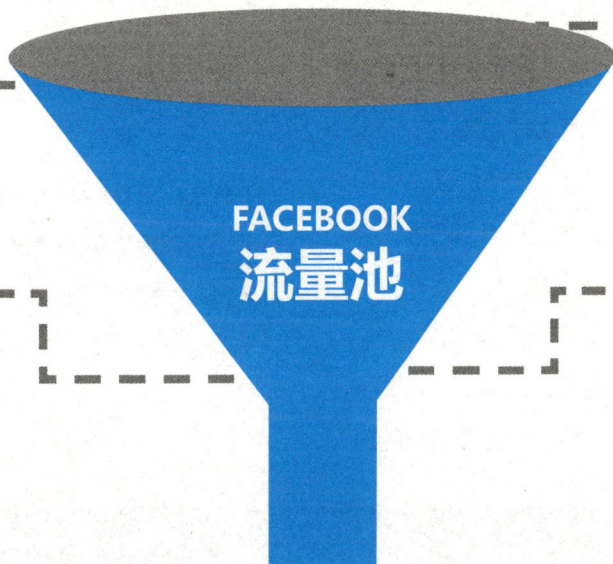

产品促销发布

通过免费的平台传递你商业活动的透明度，通过互动传播你的产品以及促销信息，培育自己的目标流量。

流量池的打造

大家知道社交媒体的本质是社交，把"社交"融入这个媒体才是正确使用社交媒体的方式。

如果只是通过社交媒体来做广告销售自己的产品，那么肯定是一个绝对错误的方向，短时间内可能会有一定的效果，但是这违背了使用社交媒体的精髓。就如你在微信朋友圈卖货一样，早晚你会被大家屏蔽。我相信大家也不会对这样的卖家产生任何好感，可能你从开卖的那一天开始，你就丢掉了你想成就的那个品牌的个性。所以，这不是一个完美的做法。

人们经常说一句话，什么样子的人说什么样子的话。我们对一个人有所评价和感觉，主要来自他说话的方式和内容，因为从这些细节我们可以得知他是一个什么样子的人。

那么对于品牌同样如此，一个品牌制作和发布什么内容，消费者就可以感受到它是一个什么样子的品牌。所以一定要小心自己发布的内容，因为每一次你发布内容和消费者接触的时候都在给他们留下某种印象，这本身就是打造品牌的过程。如果你一定要问品牌是什么，其实品牌就是一种感觉。它看不见摸不着，而造成这种感觉的东西就是你和消费者接触以及交流时候的所有细节和内容的总和。

为了帮助你更好地理解FACEBOOK的正确使用方法，我同事和我录制了一个视频，你可以扫描下方二维码观看。

在以下营销计划的章节，我还会和你继续分享有关社交媒体内容营销方面的工具和模板，如内容的计划、制作、发布、监控等各个阶段的工具，帮助你和你的团队事半功倍。

流量闭环

说到这里，无论是我们通过社交媒体的付费广告还是自然搜索，或者网络红人等任何其他线上渠道，包括传统的线下展会接触目标群体，我们都处在营销的第一个阶段。你对于这些目标群体来说还处在陌生人状态，在这个阶段，最重要的工作目标不是销售，而是通过不同的渠道让这些目标流量进入你的 FACEBOOK 商业页面或者最适合你品牌的流量池。

当然，这一个阶段不排除你引导他们进入你的其他媒体或者官方网站进行直接的销售转化，我想这也是很多出海品牌正在做的事情，但是，显而易见，这种操作方式的转化率会比较低，而且越来越低，品牌的黏性也很差。

到这里我讲述了流量闭环的各个环节，这其实并没有那么难，但是目前国内出海品牌的痛点就在于大家没有这方面的人才，因为每一个环节都需要相对应的人才来支持。关于这一点，我也会在此书中的团队组建中详细讲解，帮助大家尽快组建自己的数字化营销团队，我认为这个是出海品牌必须要有的标配。正如很多年前很多企业开始从线下销售转移到网上销售，那个时候也没有这方面的人才，但是这种趋势是不可阻挡的，所以，我还是建议企业要加快这方面的人才建设，给自己打下一个坚实的基础。虽然有很多营销推广渠道可以合作，但是维护流量闭环的基础团队还是需要自己来打造，因为没有人比你更懂自己的品牌和产品。

在接下来的章节，我会和你分享如何培育和转化刚获得的流量，建立品牌的信任度和喜好度。

98%

如你通过 FACEBOOK 和搜索引擎或者其他媒体接触了 100 个目标浏览者，这些浏览者进入你的官方网站，成交了 2 个，那么还有 98 个浏览者应该怎么办呢？你不应该让他们又回到互联网的世界，否则你在这个阶段的投资回报比例会很低。**最好的方式就是邀请或者引导这 98 个浏览者进入你的流量池，这样你就可以在后期慢慢培育和转化他们。**

流量池

独立网站

打造流量闭环

为了更好地帮助你理解海外营销
战略在这一个阶段的重要性，我为大
家录制了一段视频，希望能够更高效
地帮助你。

第一集：打造流量闭环

吸引目标客户
营销第二阶段

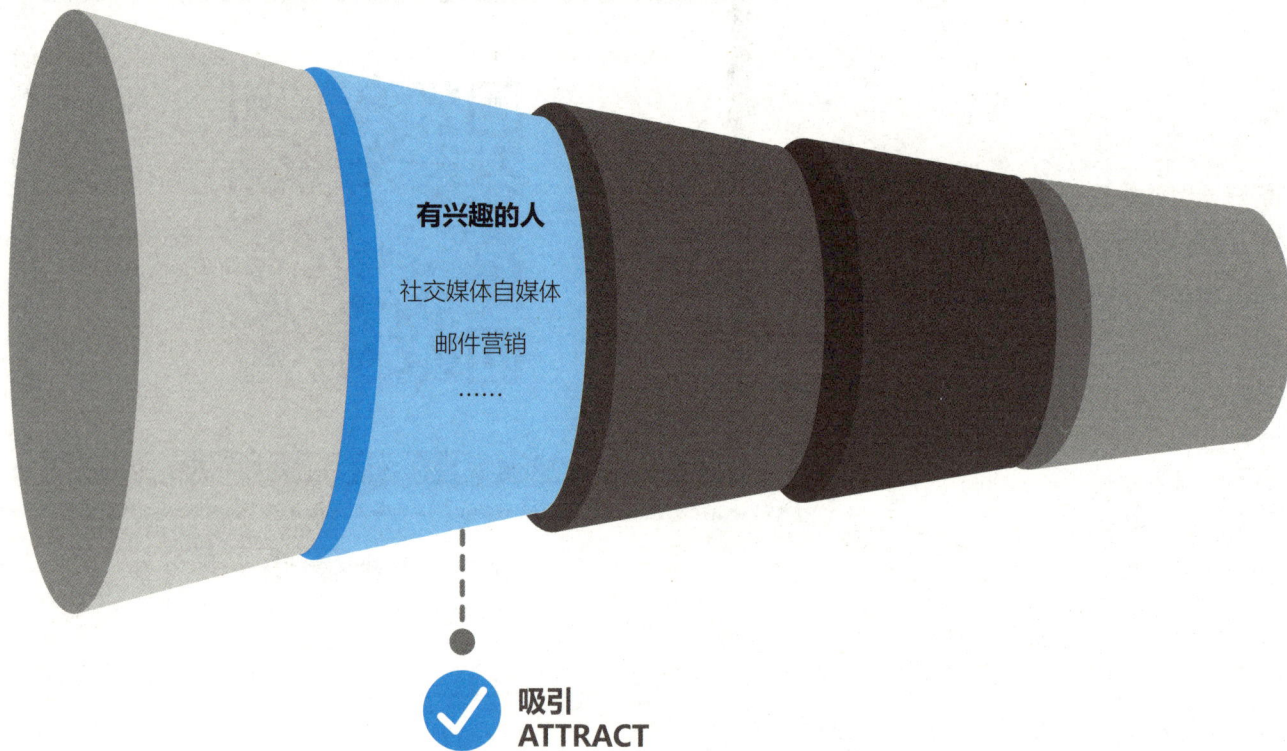

有兴趣的人

社交媒体自媒体

邮件营销

……

吸引
ATTRACT

品牌阶段性目标	⟶	打造品牌信任度和喜好度
流量最大问题	⟶	不相信你，也不喜欢你
触点（营销渠道）	⟶	FACEBOOK 流量池、邮箱等
你的工作重点	⟶	让目标浏览者建立对你的信任和喜好

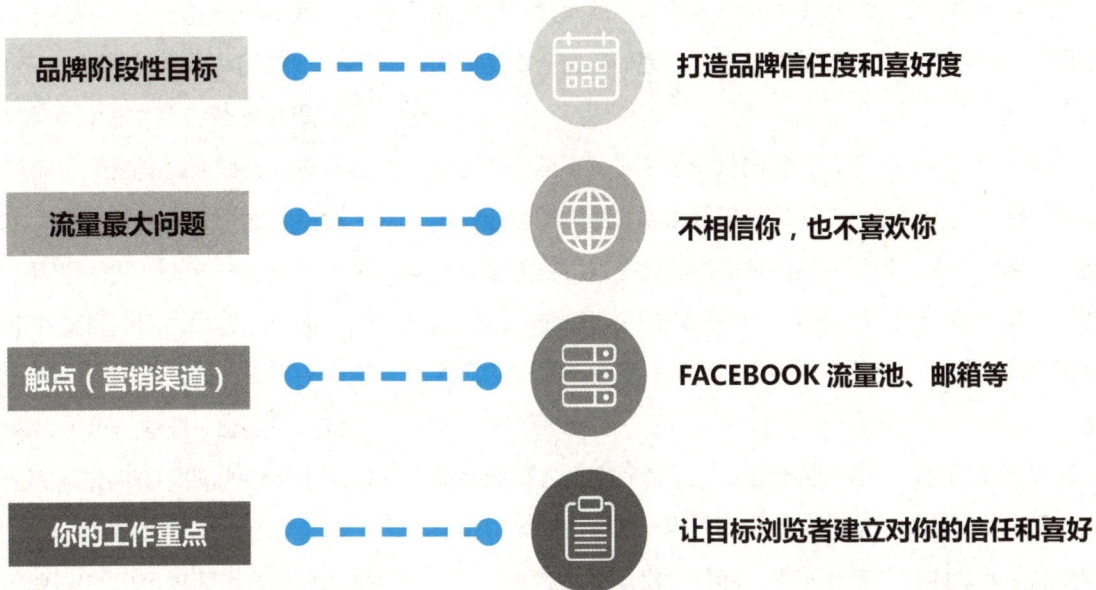

通过第一阶段接触我们把目标浏览者引入了流量池，他们可能通过第一次浏览你的网站留下了他们的邮箱，他们也可能通过你的社交媒体认识了你，并且愿意待在你的社交媒体成为其中的一分子，如果这两个指标你都没有完成，那么你第一阶段的工作是完全失败的，所以在第一个阶段的关键绩效指标主要是社交媒体活跃的用户以及你的邮箱的订阅量。

为了能够提高你的产品在这个阶段的转化率，我们建议你把大家都吸引到一个地方进行转化，有助于各类活动的展开，就算你的目标浏览者在第一个阶段只是给了你邮箱，你在这个阶段也应该发邮件吸引他们到你的流量池进行集中转化。

我们在营销第二个阶段的目标非常简单，就是让目标群体信任我们；并且最好比起其他竞争对手，他们有更喜欢我们的理由。

在中国有句俗话，不认识的时候不谈生意，不信任的时候也不谈价格，我想就是这个道理。信任和喜好最大的益处就在于品牌的溢价能力。当然，如果你的品牌就是以价格为核心竞争力的，那么你当然可以在这个阶段谈价格，关键问题是你是否可以确定你的价格就是全世界最低的，这是不是你的品牌战略？

有时候我们会问，我们为什么要做品牌？怎么才算把品牌做成功了？其实答案很简单，就是用户明明知道你的竞争对手和你卖的东西功能设计都差不多，而且价格还比你的便宜，但是他就是向你购买。当这件事情持续发生的时候，那么你可以说你的品牌已经打造成功了。现在我们的问题就是如何让这件事情发生。请相信我，这件事情可以发生，事实上，这样的事情每天都在你身边发生，这个阶段就是非常关键的一个步骤。在品牌溢价这件事情上，B2B 的企业要更加注重其重要性。

我们再来看一下这两个词，"信任"和"喜好"，你会发现，它们都是人的情感，它们和产品几乎没有关系。人和人之间为什么会产生信任和喜好，我想绝对不是因为相识那么简单，人和人之间之所以能够产生信任和喜好是因为相知。人和品牌之间的关系与人和人之间的关系是一样的，你喜欢一个人，信任一个人，往往是因为共鸣。就如你和一个人很聊得来，那一定是因为你们对某件事情的看法一致，所以才能展开更多的讨论，如果在大方向不一致，那么就很难聊天和产生情感链接。我想，在这一点上大家一定是感同身受，两者是否可以产生共鸣的前提条件主要是价值观是否一致。

你希望和你的消费者产生共鸣进而建立信任和喜好，前提就是你要有清晰可见的品牌价值。如果你只有产品，那么大家就很难建立这种信任和喜好。当然，如果你可以把 MP3 瞬间变成 IPOD，大家一定也会疯狂地爱上你。如果这件事情你可以做到，那么你就是产品为王。但是对于绝大多数的企业来说，产品的创新也不是你想创新就可以创新的，如何把一件看似无聊的产品变成一个大家都喜欢的商品，归根结底是靠价值的创新。

其实能够做到产品创新的企业也一定是因为某种价值观的驱动才可能做到。如果没有乔布斯"THINK DIFFERENT"（不同凡响）的价值驱动，苹果公司就不可能坚持自己的理念创造出产品。说到苹果公司，很多人认为是乔布斯的天才团队、无限的资金才让它成功的。从当时的竞争对手来看，无论是IBM（国际商业机器公司）还是诺基亚等这样的大公司，苹果的实力是比不过他们的。乔布斯可以聘用的团队和找到的天才他们的竞争对手都可以找到，乔布斯可以支配的营销预算其他公司照样可以成倍增加，但是为什么只有乔布斯可以创新，原因很简单，是因为苹果的价值观"THINK DIFFERENT"和其他品牌不同。而全世界很多真正爱苹果的粉丝们之所以这么痴迷，很大一部分原因是被这种价值观吸引。这就是为什么我说如果你没有品牌的时候就开始推广，你做的就不是营销而是促销，因为营销的本质是传递价值。因为通过价值才链接了人，才有了信任和喜欢的开始。如果你有兴趣，你可以回顾一下苹果在1997年发布的一个广告视频"THINK DIFFERENT"。苹果在这个时候制作和发布品牌信息表明了自己的品牌态度，同时让成千上万的人产生了强大的情感共鸣。

你可能觉得苹果这样的公司离你太遥远了，那我再给你举一个比较接地气的例子，我经常提到的一个洛杉矶的品牌TOMS。这是一个卖鞋子的品牌，TOMS在美国应该算是一个家喻户晓的品牌，他们的产品很简单，全部是中国生产的条纹布鞋，成本我估计是2—3美元，他们卖30—100美元不等。

你也许会说，"这样的鞋子我感觉任何一个国内的工厂或者贸易商都可以生产出来"。为了能够帮助你理解有无品牌价值所带来的差距，请看下面这张表格。

品牌	设计	生产能力	销售渠道	销售价格	品牌价值	营销渠道	营销内容	初心	现状	成立时间
TOMS	有	没有自己的工厂	独立站以及全球已经有超过500家零售商	30—100美元	把"给与"融入商业；帮助没有鞋子穿的小朋友	社交媒体等数字化渠道	没有鞋子穿会给孩子带来什么严重的后果以及TOMS和它的粉丝们如何共同帮助更多没有鞋子穿的小朋友	帮助那些没鞋子穿的小朋友	品牌价值不断提升，不停拓展产品线	2006年
中国鞋子生产商／贸易商	有	机器设备很棒，质量一流	B2B/B2C平台	2—3美元	物美价廉	展会、外贸平台	产品图片和极致低价	赚钱	挣扎、继续研究各种平台规则和促销；和同行恶性竞争	N/A

其实这样的例子有很多，有一个 2015 年才开始创立的美国独立品牌 AWAY，它是做拉杆箱的，
其品牌价值的核心理念是旅行和生活方式，而不是拉杆箱这个产品。在短短的四年之内，
该品牌已经做到了 1.25 亿美元的销售额，而这只是一个开始。如果你的企业是做拉杆箱的，你一定会说："无论是从设计、
质量还是功能上来看，这些我都能做出来。"但是我想问的问题是，你在传播什么？

在这里我们发现，其实一个商品的最终价格不是由生产这个产品的成本决定的，而是由这个品牌传递的价值决定的。所以，价值才是整个品牌营销的关键，人们是否愿意购买的理由往往和产品的价格没有太多的关系。而且我在之前的章节中已经强调过你的产品可以被模仿，价格可以被打败，唯独你的价值无法被复制和超越，而这个价值就是你做这个事情的终极理由！所以一定要找到"为什么"，重复我之前说的一句话，那就是你为什么做你所做的要比你做什么和怎么做重要得多。

在这里我需要强调的事情是，这个阶段我们的目标是吸引目标客户，赢得他们的信任和喜欢，但是请你记住，当你分享和传播品牌价值的时候，有多少人喜欢你就会有多少人不喜欢你，而且有时候一开始还会有很多的质疑声甚至无端的中伤。TOMS就是这样一个例子，TOMS在第一年其实没有卖掉太多的鞋子，很多人也不相信他们的做法，认为他们只是在博得大家的同情心赚钱而已，但是TOMS用自己的初心和坚持赢得了最后的掌声。他们不但赢得了很多志同道合的同事加入团队，

TOMS在社交媒体早期分享最多的内容不是他们的鞋子，而是他们如何在阿根廷分发他们的一万双鞋子，大家看到的是这些当地的孩子们穿上鞋子以后脸上的笑容和眼神。通过他们的社交媒体和官网，大家了解到了如果一个孩子没有鞋子穿会给他们的成长和教育带来什么样的严重后果。TOMS在第二年还在社交媒体上发起了一个运动，叫"没鞋子的一天"，就是让大家光着脚走在马路上，一方面当然起到了品牌宣传的作用，但最重要的是让大家真正领悟到如果我们普通人一天没有鞋子穿会是什么感受，而这种感受能够鼓舞更多的人参与到这个运动中。所以，如果你没有一个让人有价值共鸣的品牌，那么在这个阶段，你自然就很难去建立品牌信任度和喜好度，也就不存在所谓的品牌价值。

还赢得了很多粉丝的支持，你可能没有想到的是，他们还赢得了好莱坞明星的支持。这位明星被TOMS 的品牌价值吸引，买了一双 TOMS 的鞋子，因为购买一双 TOMS 的鞋子，TOMS 就会送一双鞋子给需要的孩子。所以，她觉得购买这个鞋子会给远方的某个孩子带来积极的改变。这位明星还拍了一张穿着鞋子的照片放到了自己的社交媒体上，而就是这样一个举动，瞬间让 TOMS在好莱坞的圈子里火了。

也许你会说，这是 TOMS 的运气好，我可没那个运气。但是你知道吗，当你真的在做一件有价值的事情的时候，当你真的在坚持的时候，其实上天是一定会帮你的。所谓有价值的事情，就是利他主义。所以你说，一个品牌的价值到底有多重要！我从来不担心我们中国的企业学不会使用社交媒体或者任何营销工具，我只是担心我们不再相信价值的力量和利他的力量，那就真的完蛋了。因为不相信所以看不见，因为看不见，自然也就无法坚持，如果你连几年都无法坚持，那么这个世界上就没有什么方法可以真正帮助你去打造什么品牌了。

所以在这个建立信任和喜好的阶段，我们要和大家分享你品牌的价值观以及围绕这个价值观我们所做的事情，如果大家认同你的品牌价值，自然就会喜欢你和信任你，大家自然也会主动帮助你去传播和分享，这无疑会大大提高你的营销投资回报比例。所以在营销开始之前，确定自己的品牌战略是首要问题，它主要包括以下三个步骤：

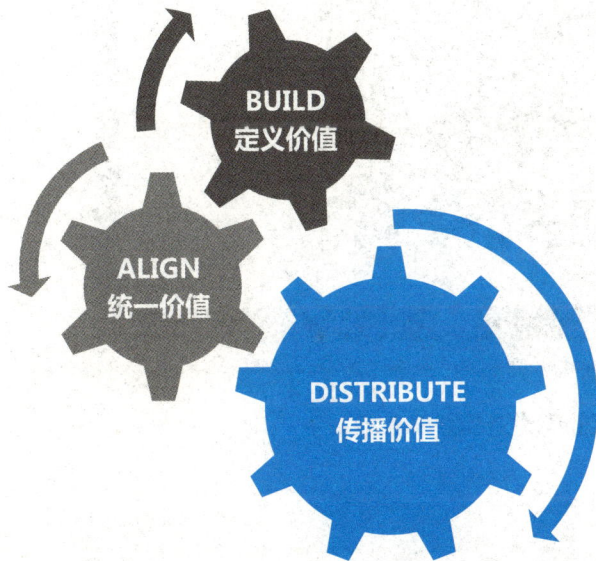

第一步：BUILD 打造思想 / 我的品牌价值是什么？
我在第一章节中已经详细地和大家探讨过这个话题，请回到第一章节再认真体会一下。

第二步：ALIGN 统一思想 / 融入团队和日常营运
其实这个问题很简单，你需要梳理自己是如何把这种价值融入自己的企业、团队和产品的。以身作则的道理很简单，并且你的产品要能够支持这个价值主张。

第三步：DISTRIBUTE 传播思想 / 通过营销传播品牌价值
通过创意性的活动链接那些对你的品牌价值有共鸣的目标客户，当然这一个步骤的工作可以和专业的第三方品牌公司合作策划执行。

BUILD
定义价值

ALIGN
统一价值

DISTRIBUTE
传播价值

为了能够帮助你彻底梳理品牌战略的打造，我们写了一本书《品牌出海战略 B.A.D》，请扫描右侧二维码下载阅读。

《品牌出海战略 B.A.D》

除了日常营销内容计划以外，品牌还需要经常性地和大家进行互动，因为人与人之间只有通过互动才能更加了解和产生情感链接。

在这里，我和大家着重分享一下品牌在社交媒体上是如何和大家互动的，希望能给你和你的团队带来一点启示。互动性的内容可大可小，你可以根据自身的预算和发展目标进行策划和推广。一般来说，我建议每一个季度做一次围绕品牌价值展开的互动活动，平时在你的内容计划里可以增加一些趣味性的互动内容，如比赛等。

为了方便大家理解互动性内容板块，我总结了三种比较常见的思考逻辑叫 ARE，分别代表：

- **ASK（询问）**
- **REWARD（奖励）**
- **EVOKE（激发）**

ASK（询问）

当你和一个不熟悉的人见面的时候，你们是如何交流的？一般来说，我们会问问题，如"你在哪里工作"之类来展开话题，而且人们喜欢被问问题，我甚至认为这是一种本能。如大家熟悉的百度问答或者美国的 QUORA（一个问答网站）之所以这么火是有原因的，就是人们喜欢回答大家的问题，尤其是被问及建议的时候，人们非常乐意给出自己的想法，所以你要充分利用这一点来和社交媒体的朋友们进行互动。

给大家举个例子，有时候我们帮客户设计一个新的品牌 LOGO（商标），无论是字体还是颜色，我们都觉得非常好，客户有时候会习惯性地说"我和我团队商量下给你回复"，但是等了 3 天以后，修改意见往往让我们不知所措，双方往往很难达成一致。在这个时候，我就会想，其实这个 LOGO 不是给品牌方自己内部看的，也不是给我们看的，事实上，它是给目标群体看的，所以真正决定好不好的人应该是消费者，那么这个时候社交媒体的朋友们就可以发挥作用了，最好的方式就是把不同方案直接放到 FACEBOOK 上，让大家来投票或者直接问大家的意见，我相信会有很多人愿意给出他们的建议和想法。

从消费者角度来看，他们能够感受到品牌非常相信他们，并且愿意改进各个方面，大家当然也会更加相信这个品牌。品牌应该在营销甚至产品的各个方面发挥大家的力量，从很多角度去链接自己的消费者，让大家参与进来，因为品牌任何的努力都是为了和消费者发生关系。如果你从这个角度出发，你可以问的问题有很多，如新的包装设计，如很难确定的新产品的颜色甚至设计。你可以用问问题的方式或者投票的方式来获得大家的建议和反馈。如果你真的采用了大家的想法并且最终做出了一个决定，你还有机会去感谢大家，我想这就是一次完美的互动。

> 所以你一定要站在消费者的角度来链接他们，我们谁都希望通过社交媒体或者任何渠道直接销售产品，但是从社交媒体的属性来说，你在社交媒体上80%的营销工作是去打造品牌意识和链接消费者，而不是去销售。

我再给大家举一个例子，大家都知道有个薯片品牌 LAY'S ，他们在社交媒体上不只是告诉大家自己有什么口味的薯片，而是充分尊重和听取大家的意见，问他们喜欢什么口味的薯片，然后让大家来投票决定，投票最多的口味就会被限量生产出来作为奖励分享给大家。你看，其实说出来，也许你觉得你也可以做到，那么你为什么没有想到呢？因为我们很多朋友的思维是把社交媒体的每一个人都当作了销售的对象，而不是社交的对象，说白了，你并没有把他们真正当作自己的朋友，那么反过来，他们自然就不会真正成为你的粉丝了。

　　所以你和你的团队要从这个角度思考问题，我相信你一定可以问出很多大家愿意参与的话题。如你的社交媒体已经有很多粉丝和客户，你完全可以做一个调查问卷来询问大家如何提高自己的客户服务或者作任何方面的改进，这不是作秀，而是真正把大家当做自己人。要充分利用你的社交媒体，而不是老坐在会议室里讨论着如何给相隔 10,000 多千米以外从未见过的人提供更优质的服务。

　　如果你态度真诚，并且真正把他们当作自己的朋友，他们一定会感觉到并且会非常乐意回答你的问题来帮助你成长。

　　我知道很多朋友没有自信，生怕大家知道自己是一个中国的品牌，我可以负责任地告诉你，这个世界上只有一种人看不起中国人，那就是我们自己。所以，勇敢地做自己，真诚地和大家开始交流吧。

如果你就是一个来自中国的品牌，你完全可以问大家对中国品牌的看法，
告诉大家如何改进自己的品牌，我觉得你问他们比问我来的更靠谱，还免费；
你问我，你还得给我支付咨询费用。

REWARD 奖励

　　人还有一种天性就是喜欢参加比赛，从小到大，各种比赛伴随着我们的成长。在成年人的世界里，大家都很辛苦，如果你通过社区举办一些小型的比赛，我觉得就是一个非常好的想法，有很多营销工具如 WISHPOND 就可以帮助你策划和执行很多线上的比赛活动。

　　如果你是卖女装的，我建议你在自己的网站上做一个横幅，然后告诉大家："如果你穿着你买的衣服，拍一张照片放到我们的社交媒体上，在一个星期之内获得点赞和评价最多的顾客就可以免费获得这件衣服。"你不一定把钱还给她，给她等值的购物积分就可以。具体操作有很多种方式，这个比你直接给钱让大家写评论要有效得多，因为普通消费者更愿意看到这些衣服穿在和她们差不多的人身上，一方面提供了产品的透明性，另一方面当然会增加你社交媒体的互动性，参与活动的人也一定会邀请她们的朋友进入你的 FACEBOOK 进行点赞和评论，而这些真实的照片也会激发其他小伙伴购买的欲望。

　　类似这样的活动，你完全可以持续地做。如果你的团队有足够的创造力，那么这样的奖励活动还可以有很多，在这里我再和大家分享一个我们曾经策划的视频比赛。

这个客户是做婚纱的，大家都知道婚纱的潜在用户一定是那些订婚的女性，但是我们策划了一个活动专门针对订婚的男性群体。广告的内容很简单，就是给新娘选一件免费的婚纱。我相信很多订婚的男性在这个时候看到这个广告不会反感，点击的可能性会比较大。当他们点击这个广告的时候，他们就会看到比赛规则，你一定要把规则写得非常简单和便于操作，千万不要弄得特别复杂。比赛的规则就是让他们到网站挑选一件他们喜欢的婚纱（你这样做达到了让大家浏览你网站的效果），然后让他录制一个不超过1分钟的视频，发布在FACEBOOK上，告诉大家为什么想要买这件婚纱给他未来的太太，视频点赞最多的顾客就可以免费获得这件婚纱，就这么简单。

也许看到这里你觉得这样的操作很简单，让我来和你分享一下背后的逻辑。

首先，对男性的好处是这个视频会更有故事性，因为当男生谈论为什么要买这件婚纱的时候，他们往往会说出不一样的故事，而女生自己很难讲清楚自己为什么要这件婚纱；其次，男生这么做的时候，他的未婚妻一定会知道，并且发动身边所有的女性朋友来给未婚夫的这一举动助威点赞，她内心一定无比的感动和激动。

简单地说，他们两人社交媒体上的朋友都会知道，而请你不要忘记，他们这个年龄的很多朋友，都有可能是订婚状态，所以他们都有可能是你的目标客户，也就是说，你通过这两个人把他们很多身边的人都拉到了自己的 FACEBOOK，而且通过这种方式认识你的人往往会比通过其他任何广告方式认识你的人更加信任你，自然也就提高了销售的可能性。

我记得到了最后揭晓获胜者的时候，我们发现第一名和第二名相差的点赞数量不分上下，但是我们的游戏规则是获赞最多的参与者获得这件婚纱，而事实上，在揭晓获胜者的时候，我要求客户打破自己的游戏规则，公布第一名和第二名各获得一件婚纱，并且其他参与者获得一定的折扣。而就是这样一个小小的举措，又让很多粉丝留下了深刻的印象和积极的评论，再一次让这个比赛进入了高潮。

在这个比赛中，你会发现，真正的主角不是这个品牌，而是参与者和粉丝们，他们分享的故事、留言才是最厉害的营销内容。丹尼尔·平克在《全新思维》这本书中提到"很多时候，让人们活下去的不是食物，而是故事"，我觉得这是一句非常经典的话。

其实对于一个品牌来说，很难靠自己的团队持续性地制作和传播内容，而且消费者最相信的也不是品牌的内容。你需要思考的是如何抛出话题，给与奖励，然后鼓励大家各抒己见，参与到活动中，那么你就可以拥有很多用户创造的内容而起到宣传品牌的作用。

如果从这个角度出发，你可以有很多灵感，如一些有争议的热门事件，你完全可以把它变成一次比赛，让大家各抒己见，但是建议大家不要参与对政治的讨论。

故事可以创造力量、影响他人，其实故事的影响力无处不在，你看政治家通过故事拉得选票；

小说家通过故事拉得观众；导演通过故事赢得票房；而企业家也应该通过故事拉得自己的粉丝。

但是请允许我再强调一次，我说的是老百姓的故事；而不是你企业的故事，因为人们更愿意相信和听到他们身边人的故事。

EVOKE 激发

经营品牌要和消费者产生情感共鸣，最终让消费者自发地为品牌助威呐喊，要做到这一点不容易，但是其实也并没有想象的那么难，因为当我们真正站在消费者角度，内心真正希望帮助他们或者给他们创造价值的时候，事情就会变得简单。

大家都知道产品是为了满足功能性或者某种物质需求，而品牌更多的是要满足某种社会需求和情感需求，所以你应该从这两个角度去思考问题。如何激发大家内心的声音更是每一个优秀的品牌应该做的事情。

人与人之间，男人和女人之间，男人和男人之间，女人和女人之间，最长久、最健康的关系就是相互成长。那么人和品牌之间，同样是这个道理。如果你的品牌信息能够帮助消费者感受到某种美好；如果你的品牌信息能够帮助消费者感受到某种积极的力量或者因此变成一个更好的人，那么，对方自然会成为你的粉丝。这里面的前提条件就是一个企业和品牌首先要相信美好。如果你希望自己获得优秀的东西或者消费者，那么首先你要优秀，才能把优秀的人或事吸引过来。

我们先来看下在社交媒体上最容易传播开来的情绪是什么。

14%
让人感觉欢快的内容

25%
让人产生敬畏之心的内容

最容易引起共鸣和
分享的情感

15%
娱乐的内容

17%
让人可以开心地笑的内容

BuzzSumo（国外一种内容营销工具）的一项研究表明，"敬畏"是人们最容易产生共鸣的情感；
我们可以从这个数据中总结出两种容易引起分享的情感，那就是鼓舞人心和娱乐。

其实从人性的角度来说，很容易理解这两种情感的重要性。你的消费者首先是人，其实每一个人活的都不是很轻松，人们总是希望内心能够得到某种鼓舞人心的内容给自己带来希望或者力量，人们也总希望自己能够得到娱乐。因为这是他们内心需要的东西。

如果你希望你的目标群体产生共鸣并自发传播你的品牌，那么制作和传播围绕品牌价值为核心的营销内容就是你的最佳捷径，这也是做品牌最有意义和最有价值的部分。当然这个部分也是最需要创意的部分，需要你和你的团队有很好的"共情力"。所谓共情力就是要有深入对方的世界和内心感知对方的能力，因为只有这样你才能和大家产生共鸣。

那么什么是有价值的东西呢？ 其实有价值的东西就是对他人有帮助的或者能够给他人带来积极影响的东西，利他是最好的解释。我们往往会因为一本书或者一部电影而引发思考或有了新的领悟，甚至改变了自己的价值观；我们也会因某首歌而产生共鸣，如 BEYOND 乐队的很多歌曲。

在这里，我举两个例子来帮助你快速理解共情力的力量。耐克在 2019 年发布了一个视频叫"疯狂"（CRAZY），据说发布的当天销售额增加了 800 万美元，大家可以搜索观看一下。大家都知道 NIKE 的品牌价值是"JUST DO IT"，也就是鼓励大家勇敢去做自己想做的事情。耐克一直通过赞扬运动员精神来传递其品牌价值。这个视频主要通过一些女性运动员的画面来展现"JUST DO IT"的奋斗精神，而这个精神再一次让所有的观众产生了强大的情感共鸣，因为其实每一个人都在努力进取，这个视频背后的策划者无疑感受到了这一点，并且通过这个视频传递了这种力量。视频本身不是什么大制作，只是内容的导向值得每一个品牌学习。

我在这里再和你分享一个女性品牌案例。大家都知道 DOVE（多芬）这个女性用品品牌。DOVE 做了一个视频，大致的内容是让一位美国联邦调查局的画师通过被采访人的口头描述画出她的肖像图，然后再通过被采访人的朋友的描述画出另外一个肖像图，当这两幅图展现在大家面前的时候，她们发现每一个被采访人眼中的自己都没有她们朋友眼中的漂亮。这一个视频在 10 天之内就获得了 63 万次的播放量和分享。通过这个视频，DOVE 向大家传递了一个积极的信息，那就是我们要比自己想象中的漂亮。这是多么重要而被我们忽略的信息，这种自信的传递真的很棒。当然这个视频的播放量和分享自然帮助了 DOVE 获得了更多的品牌曝光量，我相信无论是对看到这个视频的女性还是男性来说都会产生积极的影响。这就再一次验证了一句话，好的营销等于积极的影响。

说到视频的重要性，我看很多国内的企业都制作了企业宣传的视频，把企业以往的一些成绩和规模展现给消费者，其实消费者看完以后完全无感，甚至连看完的冲动都没有，因为视频的内容和他们一点关系都没有，所以，我们要站在消费者的角度去感知他们，而不是单方面宣传自己，这已经不再是大媒体时代。

从视频制作费用来看，我所提到的案例视频并没有花哨的大制作或者任何大明星的参与，只不过是一些简单画面和文案片段以及音乐的完美组合，但是我相信你看完以后一定会有一种莫名的感动。当这种感动产生的时候，那么自然就加深了消费者和品牌之间的关系。

你如果一定要问品牌是什么，其实品牌就是一种感觉，而你要对这种感觉负责。现在的品牌一定要站在品牌价值的高度去链接自己的消费者才是最好的出路。

请原谅我在这本书中无数次重复一个事实，那就是如果你没有清晰的品牌价值，那么你真的就谈不上在做真正的营销。很多围绕促销所做的营销活动只会一次又一次削弱自身品牌的价值。但是如果我们能够从品牌价值角度出发策划营销活动，我们就可以想出很多持续性的话题，一次又一次加深我们和消费者之间的积极关系，那么你的品牌价值就会一次又一次得到提升，自然也会提升你品牌溢价的能力。接下来我给大家展示一下一个营销活动策划的大概样子。

活动的计划

活动细节	第一周	第二周	第三周	第四周	第五周	第六周
策划方案	围绕品牌价值策划活动方向					
前期准备		网站以及社交媒体内容准备				
内容制作		第三方内容制作				
推广方案	社媒或者红人推广方案					
活动执行						
数据分析						

营销活动的策划和执行显然不是一个人可以完成的，无论是自己团队策划执行还是请第三方品牌营销公司协助，都需要做好充足的准备实现投资回报比例的最大化。我在这里给大家制作了一张简单明了的活动表格，你可以根据实际情况进行优化调整。

打造品牌信任度

为了更好地帮助你理解海外营销战略在这一个阶段的重要性，我为大家录制了一小段视频，希望能够更高效地帮助你。

第二集：打造品牌信任度

没有价值共鸣就不存在真正意义上的信任和喜好。

培育目标客户
营销第三阶段

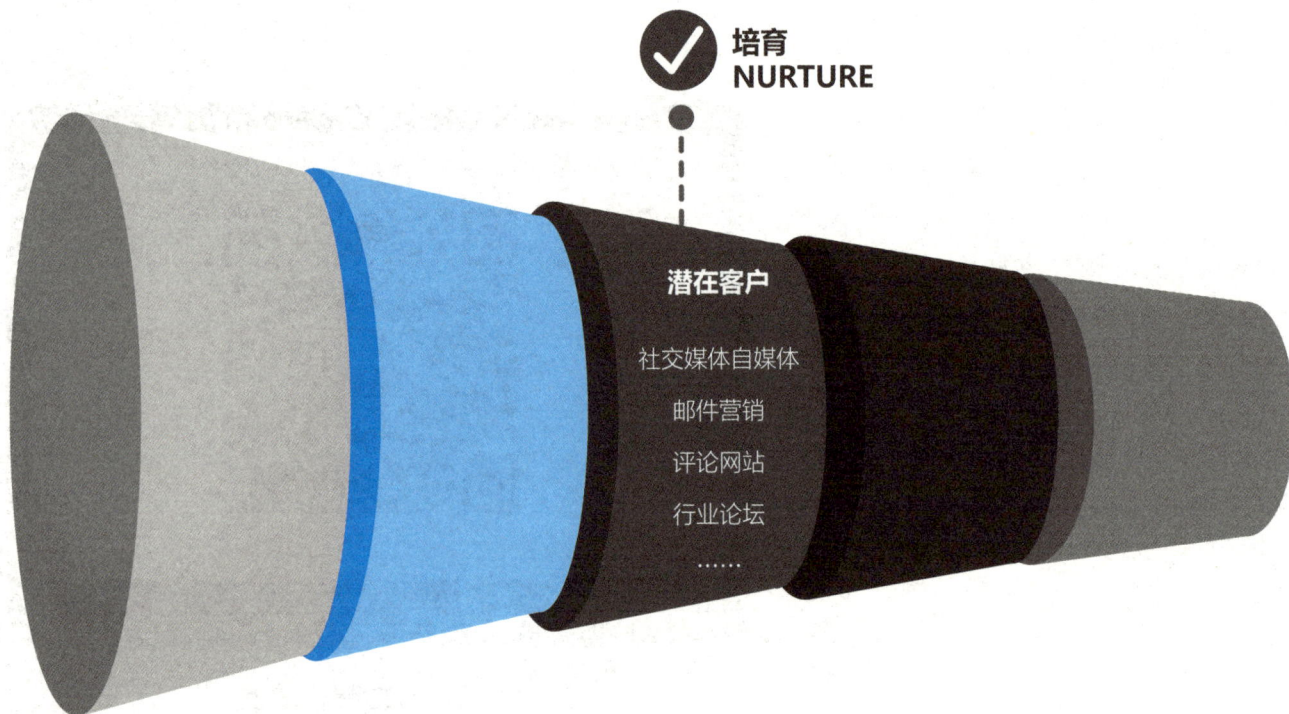

培育
NURTURE

潜在客户

社交媒体自媒体

邮件营销

评论网站

行业论坛

......

品牌阶段性目标	推广和说服，进入销售阶段
流量最大问题	时机，价格，对产品不够了解，在你和竞争对手之间比较等
触点（营销渠道）	邮箱、网站、社交媒体等
你的工作重点	围绕产品打造专家形象

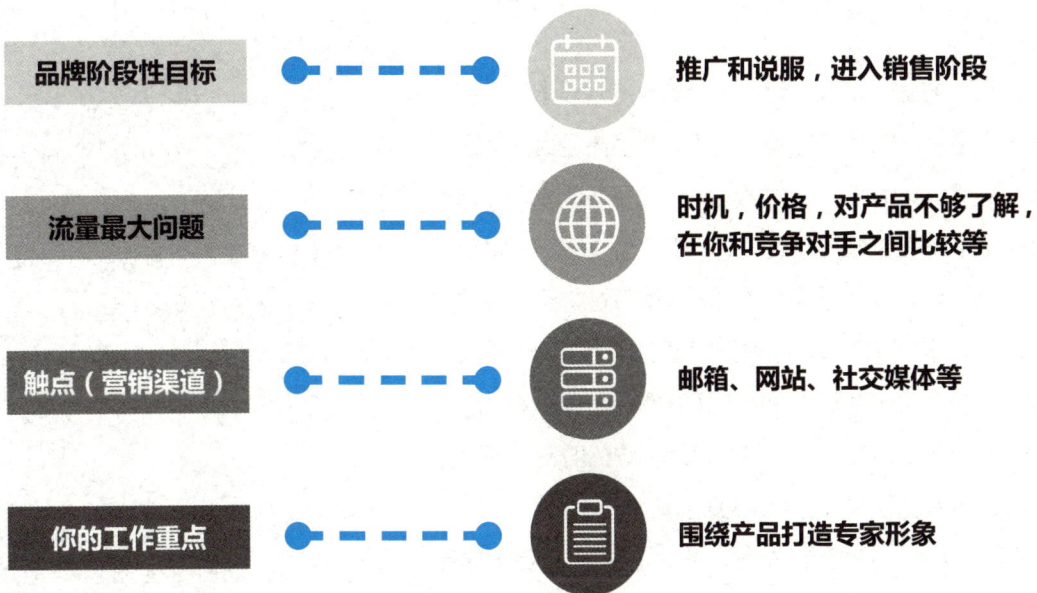

我们不排除流量客户在接触你的时候就瞬间变成你的粉丝，并且直接购买你的产品，
但是你需要理解的是就算在这个阶段你的目标客户比较信任和喜欢你了，也并不代表他就一定会马上成为你的支付客户。

内容营销的定义是"品牌通过策划、制作和分享对目标客户有价值和有教育意义的内容，进而实现对目标客户的吸引和转化，等他们对产品或者服务有需要的时候转化成支付客户和粉丝的过程"。

这里面很重要的一点就是等他们有需要的时候进行营销。这其实很容易理解，它和平台销售不同，在销售平台上的客户都是有直接购买需求的客户，我相信他们去亚马逊或者天猫这样的平台一定不是去参加社交活动的。而你通过数字化营销，特别是社交媒体等渠道吸引来的客户本身就不是来买东西的，但是你通过前期的品牌意识和品牌信任度的打造和他们建立了关联，如果有一天他或者身边的朋友正好需要你销售的产品，当然会第一时间想到你或者把产品推荐给身边的朋友。同时你要理解的是购买的东西越贵，考虑的时间越长。

除了时机以外，价格在这个阶段肯定是大家考虑的因素。我并没有说你一定要卖低价，每个品牌都有不同的价格定位，当有一定优惠的时候，必然会吸引他的目标群体做出购买决定。

就拿我自己来说，我很喜欢瑞克·欧文斯（RICK OWENS）的鞋子，瑞克·欧文斯是洛杉矶的设计师，但是他的鞋子本身比较贵，我还是会等待有优惠的时候购买。我上一次购买是因为他们给我发了一个邮件广告，看到有限时优惠码，我就买

了。所以就算信任和喜欢，也不代表消费者就会立即购买或者随时购买。

除了时机和促销以外，对于一个信任和喜欢你的人来说，要让他用辛苦赚来的钱购买你的商品或者服务，其实他内心还有一个顾虑，那就是对产品本身的顾虑。其实各行各业都是如此，你喜欢和什么人做生意？当然是希望和专业的人、懂行的人做生意，所以，展现你在产品上的专业是这个阶段非常重要的工作之一。尤其是当你以满足消费者功能性需求而定位的品牌时，你就更应该做尽可能多的内容来打造自己的专家形象来区分你和你的竞争对手。

我说的这些内容不是去分享你的什么科研获奖证书或者和某个领导人的合影，而是对你的目标群体有价值的内容，如大家熟悉的如何使用产品或者某种只有你有而你的竞争对手没有的产品特点。为了帮助你更加深入地理解这一点，请看以下三个有关产品营销方向的建议：

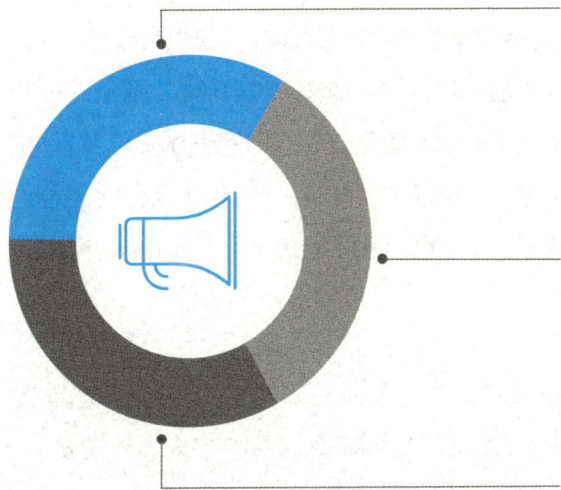

产品的设计和生产

1 其实对于普通消费者来说，看到产品如何一步一步生产出来是非常有意思的，尤其是当你的产品材质或者图文设计非常有故事的话，那就再好不过了，如我在产品定位中提到的陈冠希在他设计的鞋子上有关丝绸的应用以及兵马俑的元素，都是很好的营销内容。

如何使用（某个独特的功能）

2 一定要体现其产品功能的生活性，就是在日常生活中如何体现这种功能，解决消费者的什么问题，让大家身临其境和想象自己使用的空间。

使用以后的效果

3 要突出消费者使用的益处，而不是产品的特点，这一个思维方式很关键。消费者是主体，而不是你的产品特点是主体。

这里需要强调的是围绕产品为核心打造内容，进行销售说服不适用于所有的品牌。如上一个章节提到的 TOMS 就不适合，

因为 TOMS 是属于满足消费者情感的品牌，所以它的品牌定位就已经确定了内容的主导方向，

而如果你的品牌是比较侧重产品功能性的，并且这种功能性非常独特，

人们自然会更关注产品的质量以及它是否可以真的解决他们的问题，帮助他们去完成想要完成的事情。

这个和劳力士手表不同，因为如果你是为了时间的准确性（功能）而购买手表，你可以购买卡西欧之类，

劳力士不会做很多内容去体现手表的功能性，它只会做一些内容来体现这个手表的社交价值，

你看劳力士的口号"为每一个成就加冕"就知道它的品牌定位是体现其社交价值的。

但是对于国内 B2B 品牌来说，体现产品和技术的专业性是一项非常重要的工作。

除了社交媒体的内容培育以外，有一个营销战术在这个阶段尤其重要，那就是邮件营销。

在国内，大家的生活和工作都离不开微信，似乎一切可以用微信解决的问题都不会用邮件来处理。虽然微信确实非常方便，但是这和欧美的习惯还不一样。美国虽然也有即时聊天工具，但是大家在工作和生活中还是喜欢用邮件来沟通。我觉得这是文化的差异，即时聊天工具虽然很方便，但是人们很容易被这些零碎的信息打断；而美国人似乎很注重自己的时间，他们每天会在固定的时候去处理邮件以确保自己的时间不会被外界随意打断，所以我们要看到这一点，并且围绕这种习惯展开我们的营销工作，所以邮件营销在这个阶段很重要。

91% 的美国人每天都会打开邮箱查看他们的邮件，邮箱的使用率远超过任何形式的沟通工具；而且比起其他形式的营销来说，邮件营销的性价比也是最高的。

在数字化营销行业里有很多成熟的工具可以帮助我们在邮件营销上事半功倍，如 CONSTANT CONTACT, MAILCHIMP 都是非常不错的工具。大家可以花一点时间研究一下，这些工具可以帮助我们设计和传播邮件广告，并且可以及时地监控这些邮件内容的数据，有助于我们不断优化邮件营销的内容。

在这个阶段，消费者希望在这些触点上轻松简单地找到他们关心的所有问题。在接下来的流量触点中，我会进一步和大家分享网站这个触点，因为客户在考虑的阶段，其实是在各大网站和你的网站之间来回浏览。对于独立站这个触点来说，还有很多值得大家探究的影响消费者做出采购行为的细节。

如何培育客户

为了更好地帮助你理解海外营销战略在这一个阶段的重要性，我为大家录制了一小段视频，希望能够更高效地帮助你。

第三集：如何培育客户

找到客户的顾虑，提供足够的内容帮助他消除这种顾虑。

转化目标客户
营销第四阶段

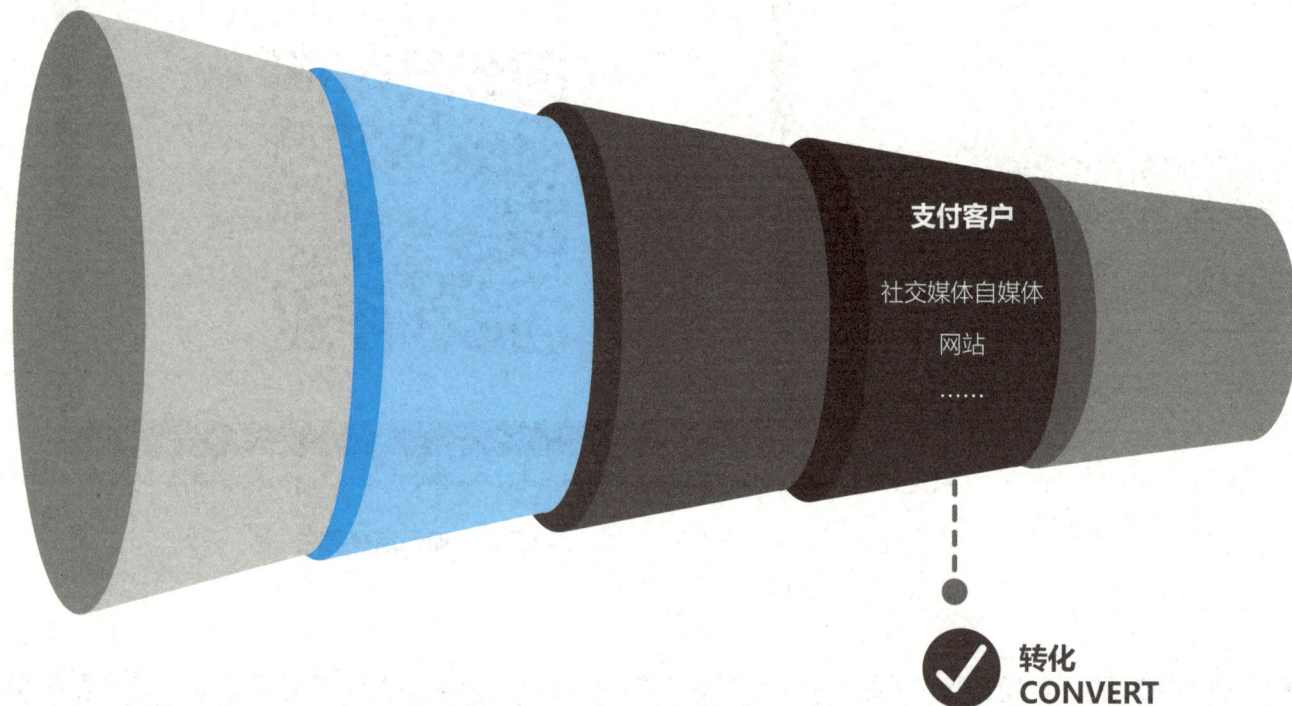

支付客户

社交媒体自媒体

网站

……

转化
CONVERT

品牌阶段性目标	● --- --- ●	销售、交易阶段
流量最大问题	● --- --- ●	B2C 独立站的使用；B2B 交易流程
触点（营销渠道）	● --- --- ●	网站、电子邮件或者合同等
你的工作重点	● --- --- ●	优化网站、所有客户触点

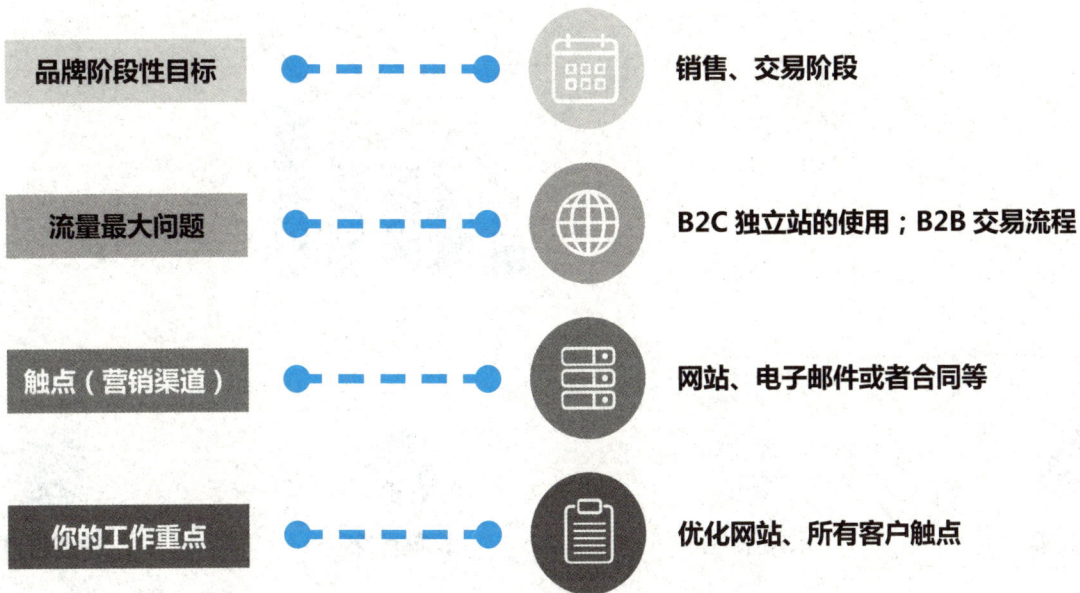

当这些网站浏览者消除了他们的主要顾虑变成潜在客户的时候，就准备随时购买了。

在这个阶段，限时的各种促销活动肯定是不错的营销方式，但是在这个实际转化发生的触点，

B2C 独立站的用户体验或者 B2B 交易流程触点，在很大程度上影响了整个转化率甚至购买体验。关于这个触点的优化，

可以聊的内容很多，在这里我主要从 B2C 品牌和消费者浏览的角度和大家探讨如何优化这个触点的转化率。

当然对于 B2B 品牌来说，网站的优化也不容忽视。

1 视觉效果

2 浏览体验

3 网站图文

4 信任问题

5 网站活跃度

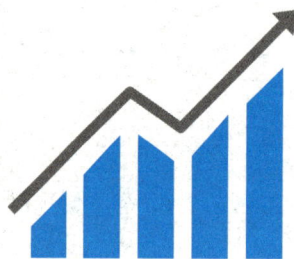

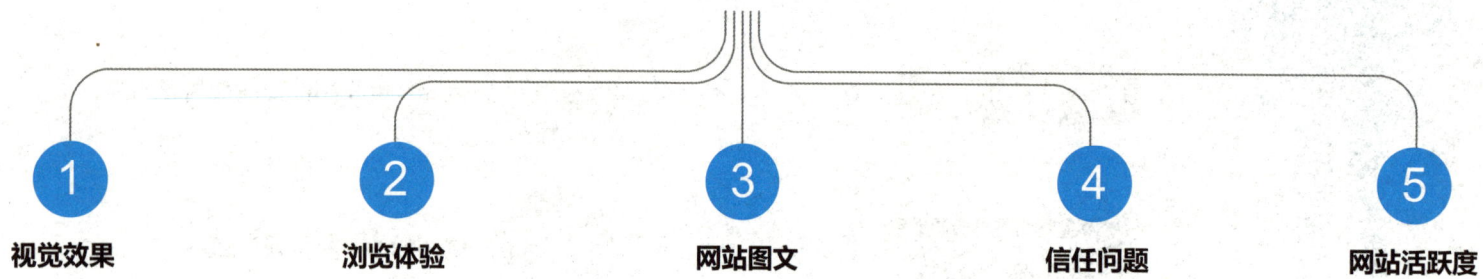

接下来我们从网站的这五个角度详细和大家讲述它们各自的重要性以及优化的必要性。

视觉效果

如果你有流量，但是转化率很低，弹跳率很高，那么一个重要的原因就是你的网站浏览者并不喜欢他们所看到的，那就是你网站的视觉问题了。

提高网站视觉效果的核心问题首先是要了解自己的目标客户，因为视觉是一个仁者见仁、智者见智的东西，你网站上的同一个细节，不同的人感受是不同的。如果你的目标群体是年轻的都市男性，那么网站的风格一定要符合他们的性格特点。在第一章中的视觉定位和目标客户定位中我们已经强调了其重要性，而网站无疑是集中展示这些细节的地方。无论是从审美角度还是从品牌统一性的角度去思考这个问题，都值得你花费更多的时间去提升网站的视觉效果。

在这个信息过剩的年代，你大概只有10—30秒的时间吸引大家的注意力，否则人们会瞬间离开。这就类似于和你初次见面的朋友一样，他的发型和穿着以及任何视觉细节都会对你产生影响，而且这种印象很难改变。

国内的建站公司在设计和技术层面都不存在能力问题，但是当我们建设一个国际化网站的时候，其视觉审美还存在着比较大的差别，这是文化的差异。正如你邀请不懂中文的美国顶尖设计师来设计一个中文网站一样，结果不一定会太完美。所以在视觉设计这个事情上，我建议企业还是要本地化。

以下是斯坦福劝导技巧实验室（PERSUASION TECHNOLOGY LAB）有关网站信任度的一个报告，报告指出在采访的2600名浏览者中，有将近一半的浏览者认为网站的视觉效果好坏是他们是否信任一个网站最重要的指标。

斯坦福劝导技巧实验
室有关网站信任度的
一个报告

网站视觉

第一印象的重要性无与伦比

47%

客户体验

可以用移动端浏览以及可以第一时间
找到自己想要的

28%

文案设计

标点或者文案错误都是浏览者离开的
重要原因

25%

公司动机

是否可以快速了解其品牌的不同之处

15%

浏览体验

 导致转化率低的另外一个直接原因就是人们到了你的网站，没有了方向。我发现一个很有趣的现象就是我们国内的品牌在做独立站的时候，喜欢把所有的产品都堆积在网站的首页。我不知道这是不是受我们国内平台网站的影响，所以潜移默化中形成了一种概念，就是购物网站一定要尽可能地展现产品。

 其实当你什么都想展示的时候，那么你就等于什么都没有展示，因为这样会让浏览者彻底丢失了方向。在客户浏览方面，其实他的行为动作是由你的网站结构决定的。举个例子，第一次浏览你网站的人基本不太可能马上就做出购买行为，所以你需要留住他，最好的方式就是吸引他进入你的FACEBOOK流量池。只出现一个社交媒体的标识是不够的，你应该给他一个点击的理由；至少你需要给他订购你邮件营销的理由。

在客户浏览方面，我们主要考虑以下三个基本方面：

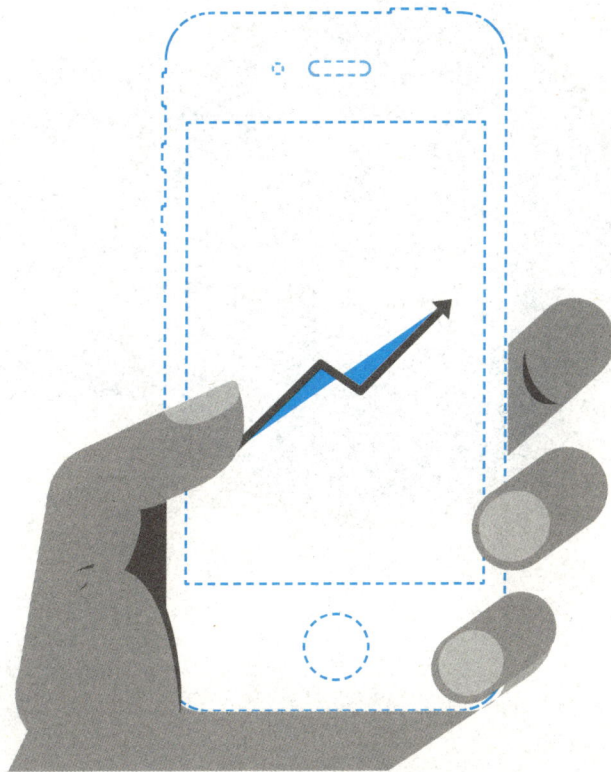

注重细节设计

简单清晰的导航：可以让浏览者以最快的速度找到他想找到的；

①

留住他的理由：无论是社交媒体还是邮件营销的订阅，都要给他留下来的理由；

②

移动端很重要：绝大多数的搜索和浏览都是从移动端开始的，确保你的网站在任何设备上都能浏览，并且浏览很通畅是必不可少的条件。

③

除了专业的设计以外，建议网站上线前请客户或者测试人员从浏览者的角度测试，让消费者给出建议是最好的优化方式。

网站图文

品牌传递什么内容以及内容怎么传递真的能带来很大的差别。网站的转化率高不高和如何传递产品和品牌内容有着非常直接的关系。

所以我建议你要有一个专业的品牌文案，这绝不是随便找一个懂英文的人或者老外就能解决的问题。这个人不但文笔要好，而且能够从品牌的角度来传递内容，确保文案的语法、措辞以及语调都能符合品牌战略。我们的品牌故事、愿景和使命，包括常见问题等等，都应该是网站文案非常重要的组成部分。简单地说，文案要有人情味和说服力，并且确保连一个标点符号都不应该出现失误。

除了品牌文案以外，产品的展示页面是你希望浏览者浏览最多的页面，所以你的产品文案以及视觉展示是否能满足他购买这个商品的需求是一个非常关键的问题。

接下来我们着重探讨下产品文案的重要性以及优化的经验：

产品图文

图文的重点是消费者看完以后的感觉，
而非你的产品特点那么简单

产品特点和功能是什么？

这个问题的答案满足的是客户的实际需求，就是使用你的产品能满足什么需求。如无人机能满足消费者的各种高空拍摄需求。

为什么购买这个产品？

这个问题的答案是购买这个产品给消费者的生活或者工作带来了什么样的好处。如分期付款可以拥有某些本来买不起的产品，减轻财务压力。

使用这个产品会带来什么感觉？

这个问题的答案在于你如何创造这种感觉，是通过产品的实用场景图片还是视频来传递？ 很多品牌习惯在摄影棚里拍摄产品图片，而这种图片并没有勾起消费者的感觉。举个简单的例子，你的公司是销售滑板的品牌，那么，你就应该展现消费者户外的状态，他们的表情和激情应该在你的产品展示页面表现出来，所以产品的视觉呈现也是你需要思考的。

很多品牌只是把自己的产品描述当作产品的介绍，其实消费者在阅读产品描述的时候是你说服客户很重要的一个环节。如你可以描述 IPOD 的功能有多么的不同，但是任何一个专业的术语或者技术层面的解剖都比不上一句话更有说服力，那就是"你可以把 1000 首歌曲放在口袋里"。

信任问题

微软的科学家研究发现，所有的浏览者在浏览一个从未浏览过的网页的时候，首先表现出怀疑的态度，然后快速扫一下内容，寻找一个可以马上离开的理由。

如果他们的停留时间超过 30 秒，那么他们接下来会浏览更多的网页。而让他们能否停留超过 30 秒的主要原因在于他们是否可以找到信任这个网站的理由。

这听上去很神奇，不过从人性的角度来说是完全可以理解的。当你和一个你从未接触的人打交道的时候，你也会有戒备心理，这完全是人的一种本能。

那么如何让你的网站呈现出更多让人值得信任的细节呢？其实以上我们提到的每一个细节与客户的信任度都有着直接的关系。除此之外，我再总结 4 个浏览者比较在乎的细节，我相信做好这些能够有效提高网站浏览者的停留时间，那么自然也就会提高网站的转化率。

安全标识

消费者会关心他们提供的资料，尤其是银行卡信息等资料在你网站的安全性，所以 SSL 证书就显得特别的重要。你看很多网站在进入信息敏感页面的时候 HTTP 会自动变成 HTTPS，在地址栏里会出现一把锁这样的标识，这就说明这个网站是安全的。

对于网站来说这个属于标配，大家可以了解下 GODADDY SITE SEAL, NORTON SECURED, PAYPAL VERIFIED, BBB ACCREDITED BUSIENESS 等等。

第三方背书

在美国有一句大家很喜欢说的话，叫"A MAN IS KNOWN BY THE COMPANY HE KEEPS"，大概意思就是要了解一个人，看看他身边的人就知道了。对于一个公司来说，我想同样如此，大家都知道我曾经服务过某些客户来提升自己的品牌价值。对于一个刚开始创立的品牌来说，第三方背书尤其重要。

其实客户在找我策划品牌的时候，我一直会思考一个问题，就是再好的品牌理念和产品，在大家还不知道的情况下如何打造出品牌的可信度。其中有一个我一直会思考的点，就是我如何在品牌策划中运用到知名的或者大家可以查询到的合作伙伴，当然这不是去花钱去买，而是看品牌的属性是否需要应用到这一点。举个例子，如果这个品牌可以把公益营销融入其品牌战略，那么我就会寻找美国知名的第三方非营利性组织机构进行合作，首先公益营销本身是一件非常正确的事情，其次品牌刚开始进入市场的时候，第三方的非营利性组织也可以给你的品牌信任度加分。其实你也可以考虑学校，如你的产品是否可以和美国的学校发生某种合作关系，当然知名的新闻媒体报道等都是很好的背书。

网站政策

我之前在美国租房子的时候，租房合同大概 50 页。我当时就在想需要这么较真吗？他们把你如何倒垃圾这件事情都写进了租房合同。美国人对规则的理解确实和我们中国人不太一样，如果你在美国开车就会发现很多地方没有红绿灯和摄像头，只有一个"STOP"（停止）的标识，谁先到谁先开，从来不会出现任何问题，这源于他们对规则的尊重和遵守。

那么对于一个网站来说，网站上公布的任何政策和条款都将是大家在意的内容。大家都知道美国人比较注重自己的隐私，这一点我也有很大的体会。我平时游泳，有一段时间头皮感染导致后面有一小撮头发掉了，而且很明显。我每次去美国的理发店理发的时候，没有任何一个理发师问过我"你的头发怎么掉了"；而我有一次在意大利理发，那是一个华人理发店，那个华人理发师看到我的第一句话就是"你后面的头发怎么少了一块"。我能理解这种文化的差异，但是对于美国人来说，他们不习惯也不喜欢被人问及私人的事情，那么他们对网站的隐私条款是非常在乎的，因为他们需要知道你将如何使用他们递交的任何有关个人的信息等等。

这里面最重要的两个条款就是"PRIVACY POLICY"（隐私条款）和"TERMS AND CONDITIONS"（限制性规定）。这两个是法务条款，我发现国内很多企业只是随便拷贝了人家网站的条款进行了简单修改就直接放到自己的网站，我认为这是一个非常不负责任的做法。对于任何一个严肃和想要发展的品牌来说，一定要请美国的律师来编写这两个重要的文件。既然我们选择做一个国际化的品牌，那就一定要有国际化的视野才对。

除此之外，网站的退换货等政策也是标配，一定要清晰明了。常见问题解答（FAQ）也是大家非常关注的内容，因为当我们接触一个新的品牌的时候可能会有很多的问题，你一定要站在消费者的角度去不断优化这些常见问题解答来帮助大家快速了解他们想要知道的一切。其实这么做也提高了你和客户之间的沟通效率，这一个小小的细节就会影响你网站流量的转化率。

品牌透明度

建立信任最好的方式就是提供透明度，客户或者红人的展示是一种，品牌本身也应该提供足够的透明度。国内很多企业的习惯做法就是把企业曾经获得的荣誉或者企业规模展示出来，其实这些意义不大。由于文化差异，消费者可能不太理解这些内容的可信度，而且很难建立共鸣。消费者心里可能会问，你的企业再大和我有什么关系？

其实还有一个更大的资源被我们忽略了，那就是人。举个例子，企业经常思考的问题是产品怎么卖能获取更高的利润，而我们往往忽略了生产这个可以变成钱的产品的工人。我们经常赞扬公司的高层决策和宣扬公司的首席执行官，却忽略了幕后英雄，而对于消费者来说，他们更喜欢更希望看到的是和他们差不多的人的故事。在这一方面，美国的服装品牌EVERLANE 就是一个非常好的例子，提供极致的透明度让消费者清楚地看到自己购买的产品是在什么样的环境中由什么样的工人生产出来的。

我看很多人都会把"关爱"作为公司的品牌理念，但是我很少看到他们真正关爱过或者宣扬过他们是如何关爱自己的基层员工的。如果你都没有做到，那么你怎么让消费者相信你的品牌理念来建立情感共鸣呢？与其去谈论你的产品有多棒，不如谈论下你的工人每生产一个这样的产品能给他们的生活带来多大的改变。因为其实每一个人，包括我们的消费者，都在寻求生活中的改变，而这些工人之所以这么努力，是因为他们赚钱可以结婚组建家庭，可以让自己的孩子获得更好的教育等等。在积极改变这件事情上，所有的人都是一样的，只是改变的大小不一样而已。

忘记自己是做 B2B 或者 B2C 的，你现在做的是 H2H，因为无论对方是超级买家，还是普通消费者，他们首先是人。所以，一个优秀的品牌一定是非常人性化的，并且可以唤起某种美好情感。因为人不会对无聊的产品产生共鸣，不会对冷冰冰的企业产生共鸣，人只会对人和品牌的价值产生共鸣。展示一个企业规模的视频算是提供透明度，展示一个产品幕后的英雄的故事也是提供透明度，选择哪个，由你的认知决定。

网站活跃度

社交媒体

社交媒体提供了一种"社交证明"，尤其对陌生人来说，他们在做购买决定之前一般都会去看一下你的社交媒体。社交媒体上粉丝的数量，粉丝和你的互动，发布内容的质量以及持续更新都会对消费者的购买决定产生重要的影响。

1

博客更新

持续更新博客对于消费者来说也是非常的重要，也许他不会去阅读这些博客，但是一个经常更新的博客会让客户产生一种信任的感觉。

2

用户评论

一个新的品牌自己说什么都很难建立客户信任度，他们会更加相信陌生人的评价。建议在大力推广品牌之前先积累你的用户，让他们免费试用。可以积累很多的营销素材，同时也能从他们的真实反馈中了解如何优化产品，这要比你一上来就想通过大量的投入广告获取销售额重要得多。

3

提高网站转化率

为了更好地帮助你理解海外营销战略在这一个阶段的重要性，我为大家录制了一小段视频，希望能够更高效地帮助你。

第四集：提高网站转化率

转化率高不高很多时候和你产品的质量以及价格没有太多的关系。

提高复购率与粉丝转化
营销第五阶段

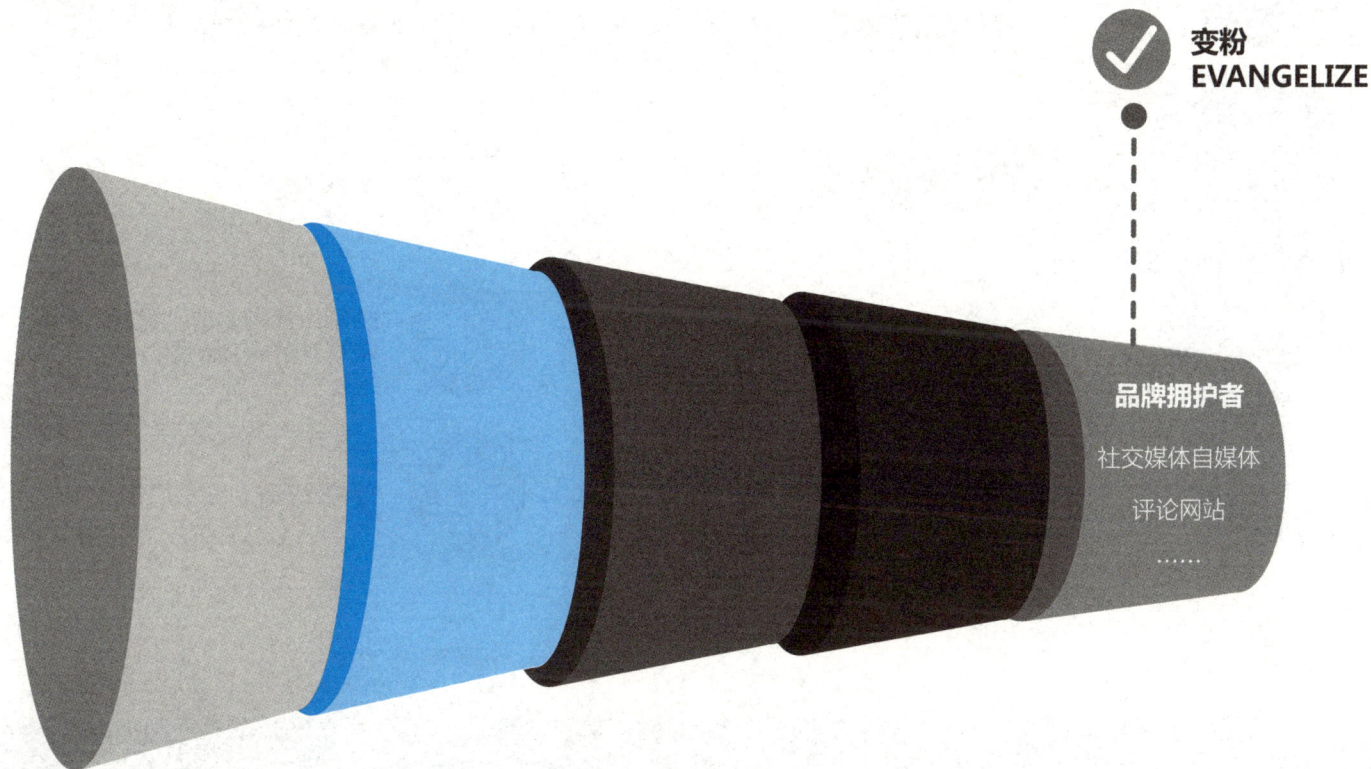

变粉
EVANGELIZE

品牌拥护者

社交媒体自媒体

评论网站

......

品牌阶段性目标	╌╌╌	提高客户忠诚度
流量最大问题	╌╌╌	不受重视
触点（营销渠道）	╌╌╌	邮箱、社交媒体、官网、评论网站或相关论坛等
你的工作重点	╌╌╌	提高复购率、粉丝转化

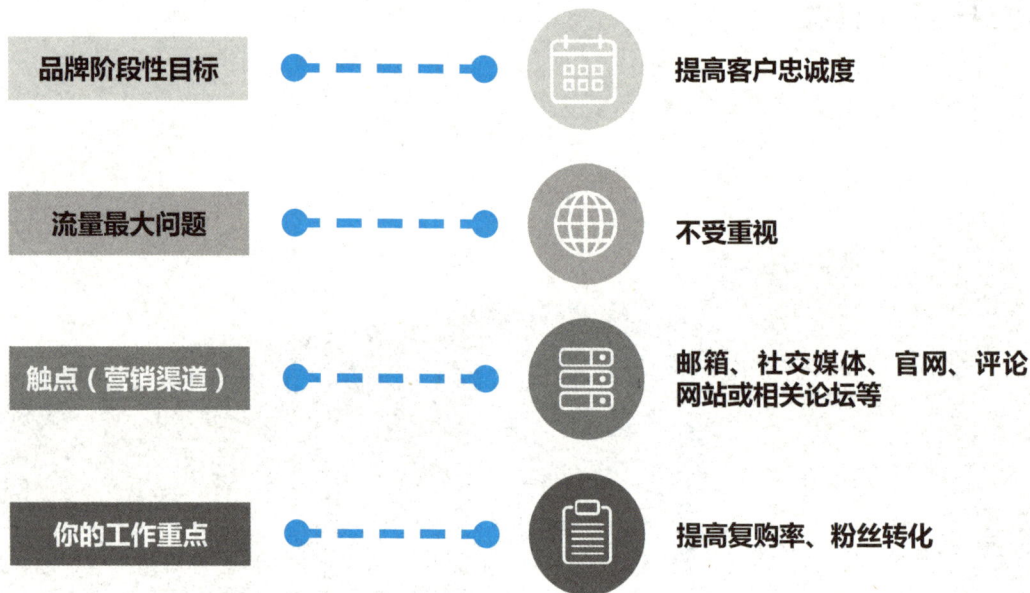

其实到了客户支付以后，很多企业认为工作就结束了，这是一个非常错误的行为，因为获取一个新客户所需要的成本是让客户重复购买成本的 6—7 倍（白宫消费者事务办公室数据）。

弗雷德·赖希赫德（FRED REICHHELD）在他写的《忠诚效应》（"THE LOYALTY EFFECT"）一书中指出，每增加 5% 的客户留存，就会让品牌通过重复购买或者口碑传播获得 25%—100% 的利润。

由此可见，营销工作在这个阶段还远远没有结束。事实上，这个阶段营销工作的重要性比其他任何阶段都重要得多。

如果一定要给所有的营销战术的有效性来一个排名的话，那么客户的口碑一定是排第一的，并且其投资回报比例远远超过其他的营销方式。弗雷斯特研究公司（FORRESTER RESEARCH）的数据表明，73% 的消费者相信他们朋友或者家人的推荐。

其实站在消费者的角度很容易理解，因为商家说什么，大家都不太愿意相信，因为在他们心目中，商家一定有功利性，而身边的亲朋好友或者网上的陌生人说什么，不管是好的还是坏的，大家都更加愿意相信和参与讨论。

所以在这个阶段你的目标很简单，要么就是让客户变成回头客，要么就是让客户主动传播你的品牌。如果做到这一点，那么他才是你真正的粉丝，否则你社交媒体的那些粉丝数量只是一种摆设而已，虽然起到了一定的社交作用，但是并不会给你带来真正的口碑传播。

而要让一个消费者真正变成你的粉丝，其实并没有那么简单。金钱鼓励对方给你留下一个积极的评价并不能真正让一个人变成你的粉丝，因为真正的口碑传播是无法用金钱购买的，完全是一种自发的行为。最简单的方式如提升自己产品的包装，最经典的案例就是美国最近几年火的床垫品牌 CASPER。创始人刚开始的时候很穷，没有钱做推广，于是就让一个小哥骑着自行车天天载着他的大纸箱子在纽约街头绕圈骑。很多路人都注目，后来他们又在纽约地铁站里做了广告，这个大纸箱和 CASPER 就在几天之内火了。每一个顾客收到纸箱子就会想拍照，大家会找各种姿势拍，靠在纸箱旁边的，坐在上面的，藏在纸箱里的，把家里的宠物抱过来一起拍的等等，这无疑给 CASPER 带来了品牌曝光量。

除此之外，根据我们的实战经验，我们给大家总结了 4 个提升客户体验满意度的方法。我们希望这些只是作为指引，你可以在实际工作中应用和体会，并且不断优化。

给与品牌意义

在营销第一阶段接触目标流量的时候，你的网站浏览者就有可能会成为你的粉丝，原因就是他们喜欢你的品牌，也就是喜欢你的品牌所代表的价值，这个价值和他们产生了情感共鸣。就算他们暂时没有购买你的产品，并不代表他们不会帮你主动宣传，所以品牌价值的重要性无与伦比。根据CORPORATE EXECUTIVE BOARD（公司执行委员会，一家总部位于阿灵顿的咨询机构）的数据，64%的消费者认为情感共鸣是他们喜欢一个品牌最重要的理由。

我们已经着重讲过 TOMS 这个品牌，其实它的产品可以被模仿，价格也完全可以被打败，唯独它所提倡的价值无法被复制和超越，而这个价值就是客户愿意购买以及分享的终极理由！客户选择你，成为你的粉丝的原因往往是超越产品本身的。就 TOMS 而言，他们的客户在购买这个产品的时候感觉自己是在做一件更有意义的事情，就是帮助那些没有鞋子穿的孩子添置一双新的鞋子。

我在这里提到的三个例子其实对于中国的企业来说都不难做到，最难的地方在于我们脑子里没有这根弦，也就是说我们关注的点并不在这儿。

我和很多企业主聊天发现，大家更加关注的是竞争对手在卖什么产品，通过哪些渠道容易卖等等，其实这些东西就算你全部掌握了又如何，消费者并不会因为你的产品就买账。我经常和企业说，你要想的大一点，再大一点，就是一定要超越产品，要关注到人这个层面上。如果你无法给与自己的商品一个意义，那么你就永远无法打造真正的品牌。如果我们所有的意义都是为了赚钱，那么我们就很容易忽视内心最美好的声音，自然也就无法吸引那些美好的客户。

除此之外，SALESFORCE（美国一家客户关系管理软件服务提供商）的数据显示，45% 的客户会因为商家参与某种捐献项目而产生购买行为，像服装品牌 LIFE IS GOOD 会把自己 10% 的销售额捐献给需要帮助的人，他们的副总裁汤姆·哈尔斯说消费者希望通过他们的购买行为体现他们的价值并且参与到回馈社会的体验中。我想这一句就表明了消费者其实是希望自己的购买行为能通过某个品牌产生某种价值。

我之前提到的美国服装品牌 EVERLANE，它的品牌价值在于给消费者提供透明的价格以及对产品背后工人的关注，他们在自己的网站上展现生产这些产品的厂家和工人；在环保方面也积极参与，这对于支持环保的消费者来说无疑提供了一个表明自己态度的渠道。虽然这些做法可能并不能吸引所有的消费者，但是对于一个品牌来说，你一定要有自己的态度，才能连接那些和你有一样态度的消费群体，所以赋予自己的品牌一个让消费者产生共鸣的意义是让大家成为你的粉丝的关键。

非凡的客户体验

根据 KISSMETRICS（一家面向企业的分析服务公司）统计，如果客户的问题能得以有效解决，他们会主动告诉身边 4—6 位朋友；而如果他们的问题得不到重视和解决，那么他们会告诉身边至少 10 个人，这还不包括线上的评论带来的巨大影响。

其实从购物的角度来说，品牌不可能让每一个客户满意，但是客户是否满意 70% 的理由来自产品有了问题以后如何被对待以及他们是否受到重视，而非来自产品本身。所以就算客户找你询问有关退换货的问题，只要你处理及时甚至超过他们的预期，那么绝大多数一开始不满意的客户也会成为你的品牌拥护者。

随着数字化渠道的多样化，你应该提供多种联系方式让大家联系你，这能有效提高转化率以及客户满意度。

但多样化联系方式的背后需要统一性的回答，所以你需要让你的客服团队有着完全一样的回复和态度，而不是每一个联系方式之间是脱节的，这样会适得其反，并且增加了沟通的难度。

接下来我和你分享五个非常重要的沟通渠道，确保你的客户在第一时间能够通过他们喜欢的方式找到你。

如何处理客户的问题很多时候要比产品本身更重要。

实时的聊天工具方便客户在购买时或者售后联系你，有助于大幅度提高成交率和客户满意度。如 LIVEHELP、Drift 或者 Olark 都是不错的选择。

在你的官网上应该有清晰的 FAQ 页面，能够帮助你的消费者快速了解他们在乎的问题，这一点在转化粉丝过程中非常重要。

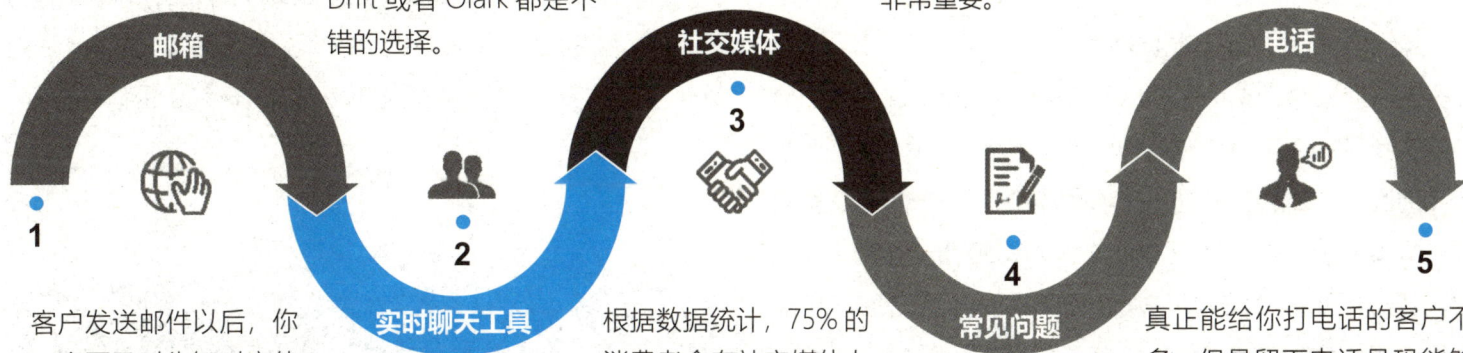

邮箱

社交媒体

电话

3

1

2

实时聊天工具

4

常见问题

5

客户发送邮件以后，你一定要及时告知对方他们在多久之内能够收到回复。一般合理的时间是 24—48 个小时，但是如果你可以在 1 个小时之内回复，对方一定会留下深刻的印象。

根据数据统计，75% 的消费者会在社交媒体上询问有关产品或者购物的相关信息，并且沟通的顺畅与否会直接影响他们的购买行为。

真正能给你打电话的客户不多，但是留下电话号码能够带来意想不到的消费者对你的信任，建议使用美国 800 或者 400 电话。研究表明，53% 的客户希望能够在三分钟之内有人接听电话，如果你暂时做不到这一点，可以等团队成熟了再考虑。

59% 的美国人会因为更好的客户体验而尝试新的品牌。（数据来源：美国运通公司）提供清晰简单的退换货流程，让客户非常简单及时地联系到你已经是标配，包括免运费这样的举措似乎也成了大家习惯的服务，所以如何能让客户获得意想不到的体验将是你脱颖而出的机会。尤其对于中小型品牌来说，这一点尤其重要，因为大品牌可能在客服服务上比较标准化和流程化；而中小品牌更具有灵活性。

其实有一个大家熟悉的品牌把客服体验做到了极致，你一定想到了海底捞。有一本书叫《你学不会的海底捞》，而事实上海底捞的那些方法似乎很容易就学会了。你要知道这里的重点其实不是方法，而是思维方式。"想到"和"你能不能学会"其实是两个思维逻辑和概念，你要问的问题不是我能不能学到，而是我为什么一开始没有想到。其实能否想到和一个人思考问题的角度有着密切的关系，如果你打心眼里觉得客户没有那么重要，那么你一定不会去往这个方向想，你当然就想不到。只有一个真正在内心把客户当作上帝的品牌才会花很多的精力去优化所有的细节让客户有更好的感受，很多人不是没有想到，而是他们根本就没有这么用力想过而已！所以，我们要学习的是人家思考问题的角度。

你要知道人的精力是有限的，你的精力在哪里，你的成绩就多半在哪里，而一个人的精力分配和思考问题的角度其实是由这个人的价值观决定的。价值观是看不见摸不着的东西，但是它如空气一般，非常重要。

社交媒体以及移动互联网的不断发展表面上看是工具的改变，其实这种改变对我们的品牌也提出了越来越高的要求，其核心就是要让我们的品牌变得越来越美好。无论你有怎么样的品牌价值和顶级产品，能否给客户真诚的服务这一条基本法则永远不会改变。在这个透明的时代里，这一点变得尤其重要。

在这点上美国的线上零售品牌 ZAPPOS 就是一个典型，他们的品牌理念是传递快乐的客户体验，并且把这种客户体验做到了极致。请注意，ZAPPOS 是因为有了这种客户至上的品牌理念才有了后来的成功，而不是因为成功了才开始加强自己的客户体验。在这里我给大家总结下 ZAPPOS 在客户体验方面和同行的一些差别：

绝大多数的独立品牌	**VS**	ZAPPOS
退换货时间：1—3 个月		退换货时间：1 年
退换货费用：客户承担退货费用		退换货费用：无条件退货并且公司承担来回运费
客户服务：标准性回复并且无法自己做决定		客户服务：客服可以根据客户要求立马做出个性化和人性化决定
客服数量：团队成员的 20%		客服数量：团队成员的 80%

建议你学习一下 ZAPPOS 的品牌文化，其创始人 TONY（托尼，中文名字谢家华）是一个出生在旧金山的华人。早期为了提高其客服服务的质量，他把整个客服团队放在拉斯维加斯，后来被亚马逊以 8 亿 5 千万美元的价格收购，其价值并不是因为他在网站上所卖的鞋子，而是他打造的无敌的客服服务，这就是品牌的价值。

管理客户评论

弗雷斯特研究公司（FORRESTER RESEARCH）数据表明，85% 的用户相信陌生人的评价，92% 的用户认为这些评价会影响他们的购买行为。在这里，我们需要理解的事情是客户的口碑有好有坏属于正常现象，没有品牌可以取悦所有的人。事实上，一个优秀的品牌有多少人喜欢就会有多少人不喜欢，所以你如何尽可能管理这些评论才是问题的关键。

管理线上口碑

无论是自己的官方网站，社交媒体还是其他第三方的口碑网站如 TRUSTPILOT，甚至是一些行业论坛，你都应该随时保持评论的管理和更新，而且你可以借助 SOCIAL LISTENING 或者 GOOGLE ALERT 等工具去倾听大家在互联网世界里对你的品牌的评价，无论是积极的还是消极的，甚至只是中立的评价，你都应该抓住这些机会不断改进和优化自己的产品。

面对积极评论

所有人都希望自己得到某种认可，当有人夸你的时候，你需要第一时间表示感谢，而不要觉得这是理所当然的。

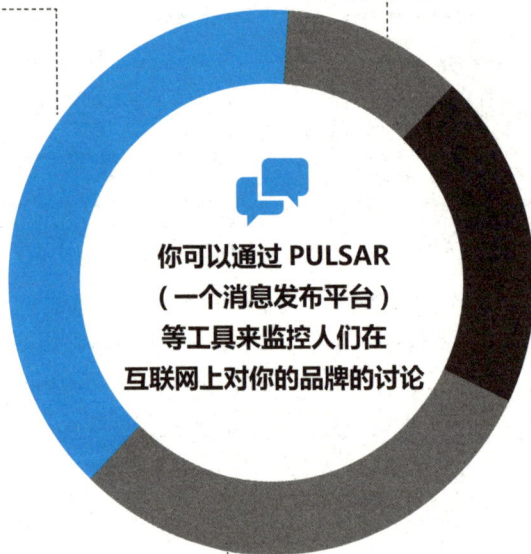

你可以通过 PULSAR（一个消息发布平台）等工具来监控人们在互联网上对你的品牌的讨论

面对消极评论

千万别担心消极的评论，因为你不可能取悦所有的人。消极的评论可以提升我们在各个方面的工作细节，同时积极面对消极评论是最好的方式。我们不怕承认错误，相反承认错误是承担责任的方式，消费者愿意看到和原谅这样的品牌。千万别企图去删除消极的评价，这只会带来更糟糕的结果。

客户忠诚度项目

现在很多品牌都有自己的客户忠诚度项目，如亚马逊，他们给与自己的忠诚客户某种独有的优惠就是留住客户和鼓励积极评论最好的方式。但是请不要局限在"积分"上，忠诚度的产生是因为某种归属感和参与感而产生，所以你和你的团队应该思考如何创造这种感觉。

产品更新频率

SALESFORCE 在 2019 年发布的消费者行为数据表明，69% 的消费者希望每次浏览网站的时候能够看到新的产品，这就要求你尽可能地更新你的产品。

> 像大家熟悉的优衣库就是一个成功的例子，他们的官网基本每周都会更新产品。为了提供产品的研发能力，他们和 MOMA，漫威漫画公司包括迪士尼等展开合作，不断开发新的产品线。

虽然这对于国内很多中小企业来说也许并不实际，但是为了提高客户的复购率和忠诚度，尽可能以及尽快更新自己的产品是一个非常有效的方式，这对于 B2C 品牌来说尤为重要。

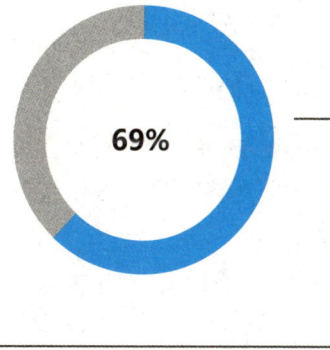

69%

产品更新频率

如何让客户成为品牌倡导者

为了更好地帮助你理解海外营销战略在这一个阶段的重要性，我为大家录制了一小段视频，希望能够更高效地帮助你。

第五集：提高复购率；粉丝转化

数字化营销成功的关键就在于你的用户是否愿意自发地为你传播。

任何一个年代都有接触目标客户的营销工具，

但无论是社交媒体还是搜索引擎，这些工具本身无法解决问题；

如何使用这些工具帮助你的目标客户和你的品牌建立关系和产生情感共鸣是解决问题的最终方法。

人们漂洋过海，人们探索外太空，都是为了建立某种有意义的关系，

所以通过以上五个阶段和目标群体建立超越产品本身的关系是营销成功的关键。

————

把"人"放在"产品"的前面是成功的关键。

第三章　营销落地步骤

成功自然需要努力，也需要战略和战术，但是没有耐心和脚踏实地，

一切都是徒劳。

　　大家都知道多米诺骨牌效应，其中有一个重要的概念就是如果你把这些骨牌耐心地排放正确，最终第一个骨牌可以把最后一个比它大 57 倍的骨牌推翻，这听上去有点不可思议。很多企业在品牌营销这件事情上并没有这样的耐心和长远打算。此书读到这里，你大概了解了要做好营销并不是一蹴而就的事情，你发现每一个步骤都有关联，我经常碰到客户找我说他们需要做社交媒体内容，需要做搜索引擎优化，需要做网络红人推广等等，而事实上，如果前期没有做好正确的品牌战略和营销战略计划，那么在实际营销执行中就会失去主心骨，也许哪里都有你，但是哪里都没有聚焦。

主要内容

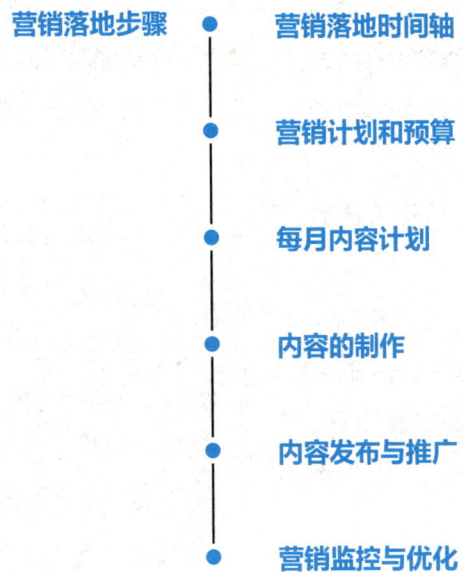

营销落地步骤

- 营销落地时间轴
- 营销计划和预算
- 每月内容计划
- 内容的制作
- 内容发布与推广
- 营销监控与优化

营销落地时间轴

数字化营销渠道的出现并不只是新的工具的迭代，而是要求我们从理念上彻底的改变，从原先的销售和促销变成真正的营销，根据消费者路径一步一步去吸引他们。很多已经在使用数字化营销方式的朋友发现这些新的营销战术似乎并没有太大的用处，其根本原因在于我们还是以产品为中心以及用销售的思维逻辑使用这些新的工具而已。

我有一个客户有一次对我说，"我觉得品牌营销这个事情太大了，落地很慢，一眼望不到底，感觉水太深"。

站在他的角度我自然能理解，当你无法看清一个事情的来龙去脉的时候，当你无法深刻理解每一个环节之间的关系的时候，做起来自然会有这种害怕的感觉，最重要的是如果在这个过程中乱了手脚，最终导致错误的决定并浪费了资金，这是我最不希望看到的。

因为我知道做一个决定很难，决心做一个品牌肯定有它的难度，因为我深知任何一个决策都有可能会影响到企业的发展。想到这里，我就必须要把品牌营销落地的全部流程和你讲清楚，希望能够帮助你从一开始就知道未来要走多久，要走多远和怎么走才能到柳暗花明的那一天。

根据我们和企业打交道的很多经验，我们制作了一个图表帮助你一目了然。无论你是需要优化自己的现有品牌还是从零开始打造一个全新的品牌，我相信它都能给你一个清晰的大致路径。我们都希望走到理想的彼岸，但是有没有一个GPS（全球定位系统）对于我们来说确实非常重要。图表中横向是时间轴，竖向是你每一个步骤需要完成的工作，表格中的标识就是每一个步骤所需的大概时间以及我们建议你开始的时候。

品牌营销建议时间轴

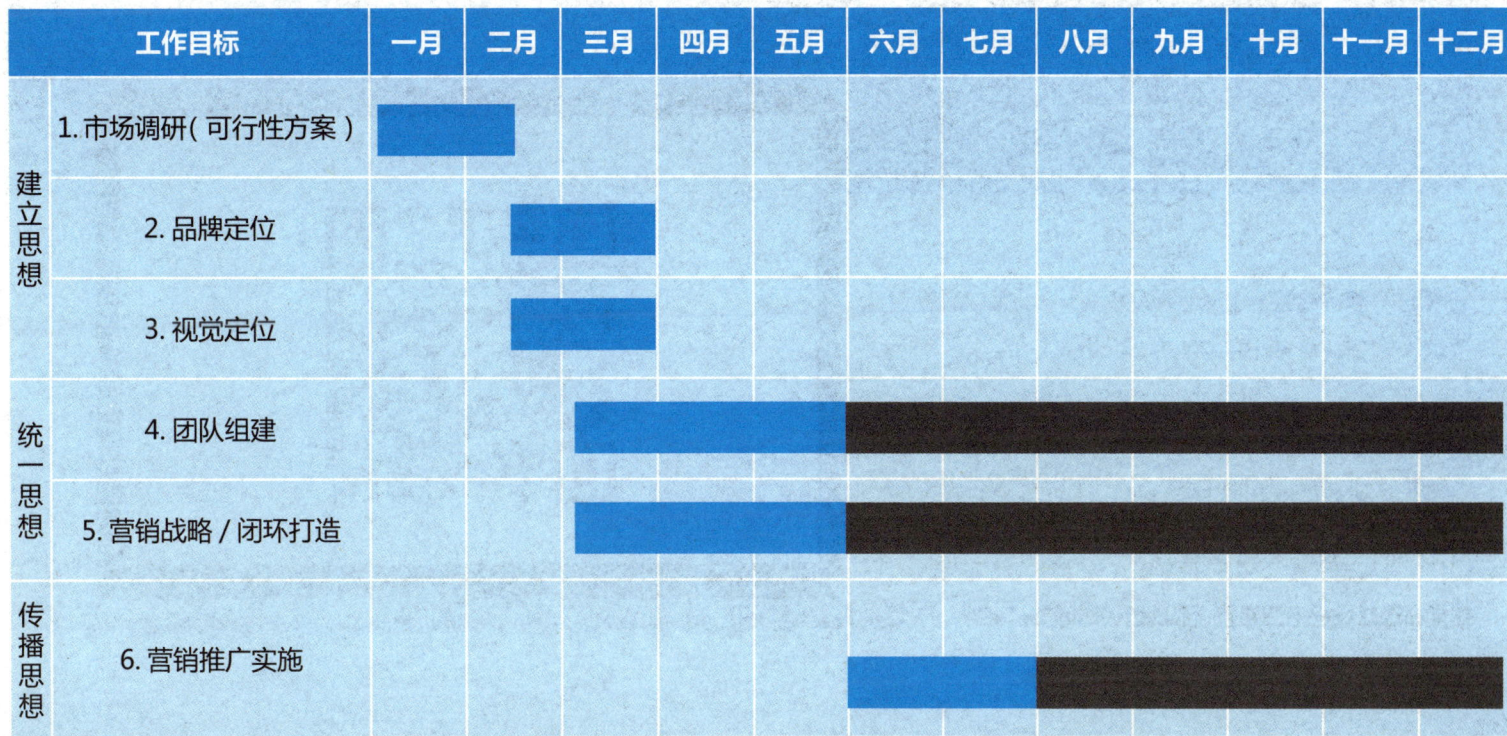

工作目标		一月	二月	三月	四月	五月	六月	七月	八月	九月	十月	十一月	十二月
建立思想	1.市场调研（可行性方案）	■											
	2. 品牌定位		■										
	3. 视觉定位		■										
统一思想	4. 团队组建			■	■	■	■	■	■	■	■	■	■
	5.营销战略/闭环打造			■	■	■	■	■	■	■	■	■	■
传播思想	6.营销推广实施						■	■	■	■	■	■	■

■ 完成　　　　　■ 持续优化

注意：

以上只是一个基本的框架，具体内容因每个企业发展的要求和目标的不同而不同。

营销战略： 建议企业做好至少一个季度的营销战略再开始实施。

营销闭环： 建议营销闭环至少打造和培育 3 个月再开始推广。

扫描右边二维码下载完整"品牌营销时间轴模板"

营销计划和预算

在之前的章节我们讲述了浏览者从一开始接触你的品牌一直到成为粉丝这五个阶段的营销战略以及每个阶段所应用到的营销战术。我在和全国很多出海企业交流的时候发现一个普遍的问题，就是大家都在做着这样或者那样的数字化营销战术。很多企业都尝试过我在以上章节谈到的很多战术，但是其效果不是很理想。其实营销和打仗一样，如果我们没有一个明确的阶段性目标，只是这里打一枪、那里开一炮是很难获得成功的。

思考的战略和最终的成功有着密切关系，只有做了非常详细的阶段性计划和目标，才能确保最终的胜利。

那么营销同样如此，我们在营销之前一定要确定合理的营销目标，这样我们才能高效执行各个阶段的营销战术，统筹团队的合作。

营销的计划和生活、工作中的许多计划其实差不多，就是我们要提前想清楚要在多长时间内采取什么行动、达到什么目标。这和减肥差不多，今天跑步 10 分钟，明天游泳 20 分钟，后天偷懒了，这样是很难达到减肥的效果的。

为了能够达到预期的效果，我们要做一个相对长期的计划。真正的减肥计划应该是在接下来的 3 个月时间里通过每天跑步 1 个小时瘦 10 斤，这里包含了 3 个基本的要素：目标、时间以及行动。

营销季度计划模板

营销渠道	6/1	6/8	6/15	6/22	6/29	7/5	7/12	7/19	7/26	8/5	8/12	8/19
1. 网站邮件营销	增加潜在客户邮箱				每周发 2 封邮件感谢注册者以及促销或者发布新品							
2. 博客	围绕产品关键词撰写博客				每周2—3篇		每周2—3篇		每周2—3篇		每周2—3篇	
3. 社交媒体内容	打造专家形象			每周发布 5 次		每周发布 5 次		每周发布 5 次		每周发布 5 次		
4. 社交媒体活动	策划围绕品牌价值活动		活动执行							根据节假日策划活动		
5. 网络红人	联系红人推广活动			持续寻找合适的红人进行适当合作（围绕产品和品牌价值）								
6. 点击付费广告		社媒推广活动			谷歌广告（研究竞争对手关键词避开竞争）							

■ 阶段性目标：打造品牌意识和积累基础粉丝

注意：

以上只是一个基本的框架参考，具体内容因每个
企业发展的要求和目标的不同而不同。

营销战术： 企业可根据营销预算增加其营销
渠道和战术。

内容形式和数量： 企业可根据实际需求和预
算增加其数量并优化内容、形式。

扫描右边二维码下载"完整营销战术计划模板"

营销预算

大家都知道数字化营销是在合适的时间和营销渠道上，通过制作和传播对消费者有价值的内容，把流量一步一步转化的过程。因为这里涉及内容的制作和传播，这就必然和你的营销预算有着直接的关系。同样一个内容，你可以写一篇博客或者制作一张图文来表达，也可以通过一个视频来表现，具体用什么形式和预算有关，而且内容传播的力度和广度同样由预算来决定。

尤其是在一个新的品牌投入市场的时候，在第一个阶段，我们的目标就是要打造品牌意识。再好的内容和活动在没有粉丝的情况下不可能自己传播，所以建议你在这个阶段要有比较充足的营销预算来打造自己的品牌意识以及基础粉丝。当你已经培育了 50,000 个粉丝，那个时候你再分享他们有兴趣的内容，你不需要投入很大的推广费用也能实现自发的传播和分享。

在这里我为大家准备了一份我们平时会给客户制作的全年营销预算模板，你可以根据自己的实际情况进行调整和优化，请扫下方二维码直接下载。

全年营销预算模板

每月内容计划

数字化营销的复杂性在于其渠道的多样性，虽然我们不需要也不可能在每个媒体发布，但一定是多渠道的，而每一个渠道对于内容形式的要求又是不一样的，这就增加了内容计划的难度。尤其是社交媒体营销涉及很多不同形式、内容的计划和制作。

有关这些日常计划的内容，你不要把它们当作产品的广告去思考这个问题，如果你期待每一个发布的内容都会带来产品的销售，那么自然会失望。

内容的持续性提供了一种社交证明，有助于提高消费者对品牌的信任度；而且你可以通过内容来解答很多常见的问题或者客户关心的问题，有助于减少沟通成本。

在你制定营销内容计划的时候，我们建议内容的比例应该是：

- 40% 围绕产品展开相关内容的策划和制作；
- 40% 围绕品牌价值和使命展开内容的策划和制作；
- 20% 围绕促销手段展开内容的策划和制作。

内容的持续性和一致性是一种社交证明。

内容计划模板

社交媒体营销模板

为了能够帮助大家更好地理解和计划，我们制作了每月营销内容计划模板。它将成为你的营销团队制作内容的参考。一般来说，要按照这些计划提前一个月把下一个月要发布的内容分发给相关的工作人员或者第三方制作完成。

美国全年节假日

在做内容计划的时候，除了考虑营销战略中提到的营销漏斗理论以外，也需要结合当时的节日来和目标客户互动。在这里，我给大家汇总了美国的节假日。

内容的制作

内容的制作可能是让很多人最头疼的地方，因为内容的形式有很多，如新闻稿、博客软文、图片、视频，甚至白皮书、使用说明的 PDF（便携式文档格式）文件等都是内容的不同形式。而且很多时候，形式的重要性要远远大于其内容本身。

记得有一个视频，一个路边的盲人乞丐在马路上乞讨，一块牌子上写着"我是一个瞎子，请帮帮我吧"，但是走过来给他钱的人寥寥无几。这时候有一位女生走过，给他重新写了一块牌子，自那一刻开始，基本上每一个走过的人都给他钱，你一定很好奇她写了什么，她写的是"今天是美好的一天，可惜我看不见！"

所以，这个例子证明一个简单的道理，最好的内容一定是让消费者产生共鸣的内容。如你拍摄一个服装的图片，你可以请模特在摄影棚拍摄细节，也可以请普通人在大街上拍，可能后者更容易让消费者产生共鸣。因为这个形象离他们的生活更近，大家看着这个街拍的图片，更有助于想象自己穿着这个衣服走在大街上的样子。

内容营销是一个长期的战略投资，为了能够帮助你的团队快速制作高质量的符合欧美审美观的图文以及视频内容，我们归纳了一些美国营销公司常用的内容制作工具和素材网站，帮助大家在内容制作以及策划互动活动上事半功倍。

我个人一直非常排斥"代营运"这个做法。最理想的做法是自己团队负责 80% 的内容，而 20% 自己无法实现的内容或者活动策划由第三方公司来完成，现在有了这些工具，我相信做起来一定不会太难。

互动活动

WISHPOND 是我推荐的社交媒体活动工具，建议你的团队学习使用。

视频素材

VIDEOHIVE 提供很多免费以及付费的视频素材，可以帮助你在视频制作方面事半功倍；INSHOT 以及 STORRITO 都是制作社媒视频很好的帮手。

图文素材

PEXELS 是个不错的照片素材网站，如果你搜索 STOCK PHOTOS，我相信你还可以找到很多。

你可能需要一家本土第三方公司协助你做大块的内容和活动的策划，如本地化的街拍或者视频拍摄等，但是不建议所有的内容都外包，因为除了你自己的团队以外，没有人比你更清楚你的产品和品牌。

内容的发布与推广

三个重点：

在这个章节，我觉得最重要的就是内容做完以后，根据最佳的发布时间，通过高效的工具实现内容营销投资回报比例的最大化。

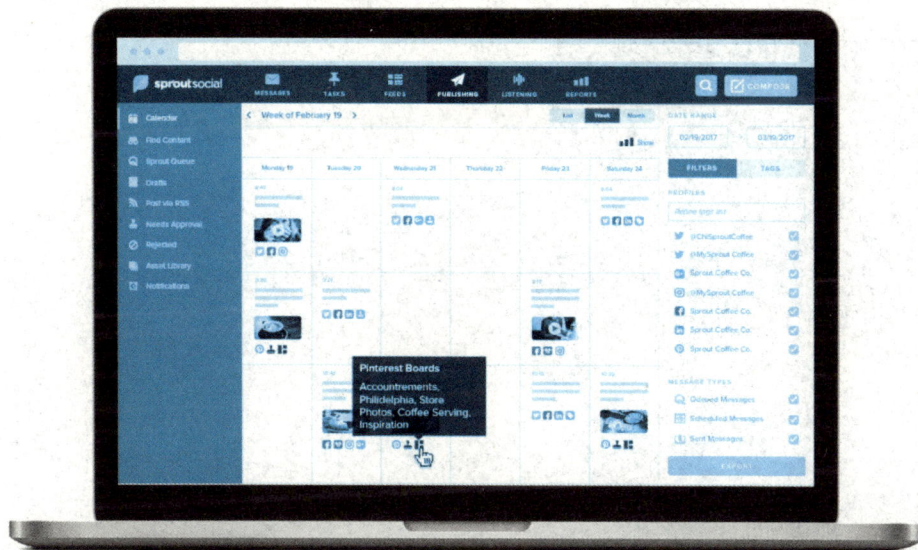

发布时间：同样一个内容，在不同的时间点发布，其效果完全不同。

发布工具：我会和你分享两个比较常用的发布工具，帮助你实现内容发布的自动化。

内容推广：这个和预算有着直接的关系，预算决定了内容传播的广度和深度。

最佳发布时间

    如果你使用微信，你就会有这个经验，就是在不同的时间发布一条朋友圈，其效果是完全不一样的；而海外的各大社交媒体同样如此，在这里我给大家整理了各大社交媒体的最佳发布时间。图中显示时间为美国 EST 时间（东部时间）；如果你的目标客户在英国，那么你应该用 GMT 时间（格林尼治标准时间）。

INSTAGRAM（FACEBOOK 公司旗下社交应用）

大多数在 INSTAGRAM 上的用户使用手机。他们一般不会上班时使用 INSTAGRAM，所以最好的发布时间是午餐休息时间 (11 点到下午 1 点) 以及下班以后 (晚上 7 点到 9 点)。

✓ 周一、周三以及周四是比较好的发布时间，美国人周日一般都和家人在一起，不怎么使用手机，而周六晚上 5 点是最佳发布时间。

✓ 周三的互动率是最高的。

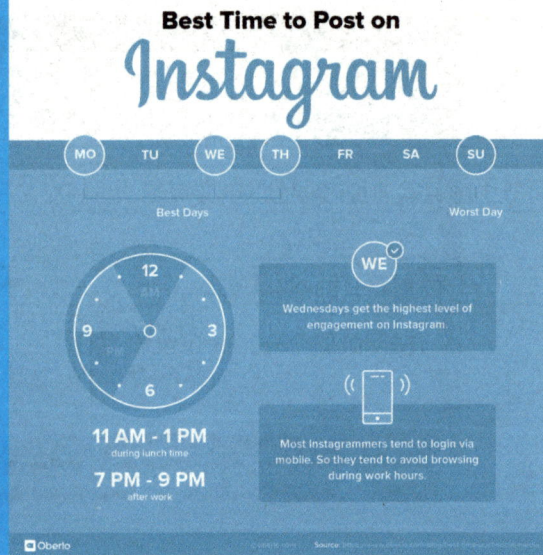

Best Time to Post on
Instagram

| MO | TU | WE | TH | FR | SA | SU |

Best Days   Worst Day

12   3   6   9

11 AM - 1 PM
during lunch time

7 PM - 9 PM
after work

WE ✓
Wednesdays get the highest level of engagement on Instagram.

Most Instagrammers tend to login via mobile. So they tend to avoid browsing during work hours.

Oberlo

FACEBOOK（脸书）

工作日的最佳发布时间是下午 1 点到 4 点，因为一般这个时间大家都忙得差不多了，所以他们会使用电脑查看自己的 FACEBOOK 账号。根据数据统计，周日下午 3 点是最佳发布时间，美国人周日白天陪家人，这个时间点有可能刚刚拿出手机开始浏览。

✓ 最佳发布时间是周四、周五以及周六和周日下午，目前来看，周二是效果最差的一天。

✓ 周六是互动率最高的一天。

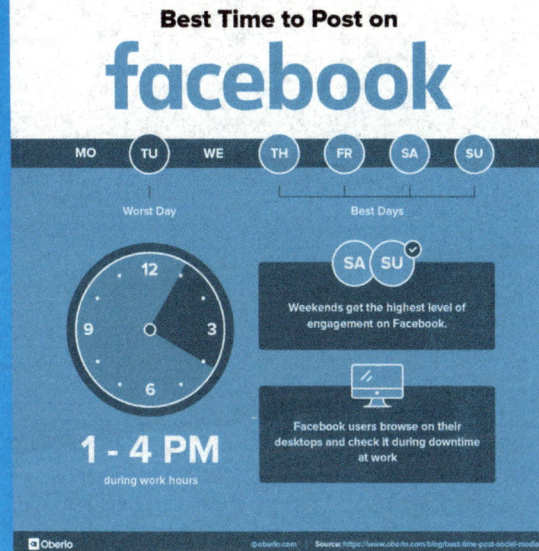

Best Time to Post on

facebook

| MO | TU | WE | TH | FR | SA | SU |

Worst Day   Best Days

1 - 4 PM
during work hours

SA SU ✓
Weekends get the highest level of engagement on Facebook.

Facebook users browse on their desktops and check it during downtime at work

Oberlo   @oberlo.com   Source: https://www.oberlo.com/blog/best-time-post-social-media

LINKEDIN（领英）

10 点到 11 点是最佳发布时间，因为 LINKEDIN 是一个专业的社交媒体，上面的专业人士、招聘者以及销售人员在这个工作时间比较活跃。

✓ 周二、周三以及周四是最佳发布时间。

✓ 下班以后以及周末的时间是最糟糕的发布时间。

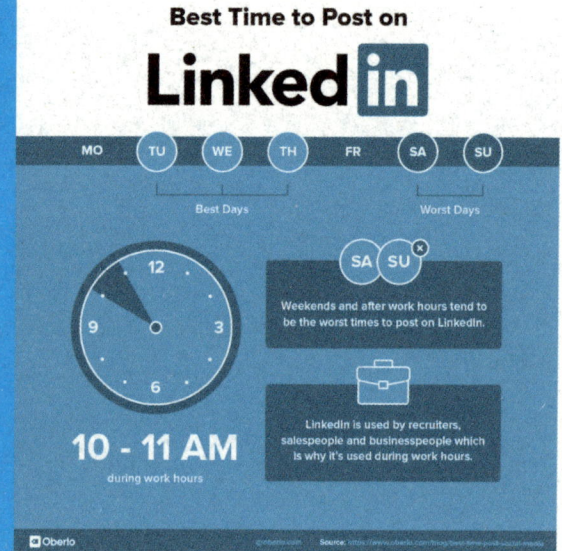

Best Time to Post on

Linked in

| MO | TU | WE | TH | FR | SA | SU |

Best Days   Worst Days

SA SU ⊗

Weekends and after work hours tend to be the worst times to post on LinkedIn.

10 - 11 AM
during work hours

LinkedIn is used by recruiters, salespeople and businesspeople which is why it's used during work hours.

Oberlo   Source: https://www.oberlo.com/blog/best-time-post-social-media

TWITTER（推特）

午餐时间 12 点到下午 1 点发布效果最好，你可以在午餐前发布你的内容。

✓ 周一至周五的午餐时间是最佳发布时间。

✓ 周五相对于其他几天效果最好；周末效果最差。

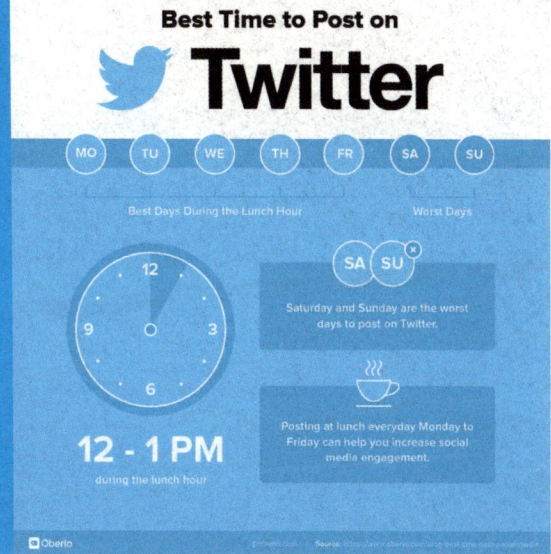

Best Time to Post on
Twitter

MO TU WE TH FR SA SU

Best Days During the Lunch Hour   Worst Days

12 - 1 PM
during the lunch hour

SA SU
Saturday and Sunday are the worst days to post on Twitter.

Posting at lunch everyday Monday to Friday can help you increase social media engagement.

Oberlo

PINTEREST（一个照片分享网站）

晚上 8 点到 11 点是最佳发布时间，因为这个时候很多妈妈都开始停下来休息，一般白天她们没有那么多时间使用手机看社交媒体。

✓ 周六和周日的效果出奇得好，我不知道是不是妈妈们在陪孩子的时候会坐在沙发上看手机。

✓ 工作日的效果不行。

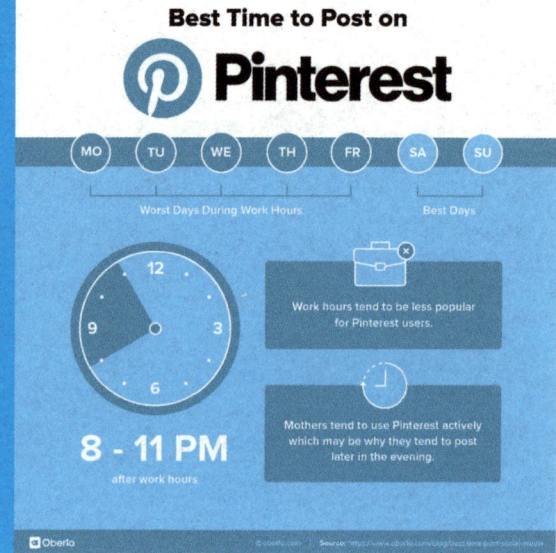

Best Time to Post on

Ⓟ **Pinterest**

| MO | TU | WE | TH | FR | SA | SU |

Worst Days During Work Hours   Best Days

8 - 11 PM
after work hours

Work hours tend to be less popular for Pinterest users.

Mothers tend to use Pinterest actively which may be why they tend to post later in the evening.

Oberlo

YOUTUBE（一个视频网站）

最佳发布时间是 12 点到下午 4 点。 大家可能只是在这个时间简单浏览自己想看的，因为晚上是大家看 YOUTUBE 最多的时间。

✓ 周四和周五的效果最佳。

✓ 周末人们的浏览时间是最长的，所以如果你有比较长的内容，建议周末上午 9 点到 11 点发布。

Best Time to Post on
YouTube

MO TU WE TH FR SA SU

Best Days to Post   Most Views

12 PM - 4 PM
during work days

9 AM - 11 AM
on the weekends

SA SU
Most viewers watch YouTube on weekend so post on Saturdays and Sundays around 9 - 11 AM.

Most viewers watch videos in the evening. Post at 12 - 4 PM so videos would be indexed by the evening.

Oberlo

发布工具

FACEBOOK BUSINESS MANAGER

这个是 FACEBOOK 官方的工具，除了能够帮助你管理社交媒体以外，它还可以帮助你设置管理员等不同身份的权限，这样你可以有效地保护好自己的社交媒体账户。

BUFFER

HOOTSUITE

以上这两个是比较主流的社交媒体发布和管理工具，这些工具可以让你提前做好准备，自动定时发布你想要发布的内容。除此之外还有 **SPROUTSOCIAL, ICONOSQUARE, MAVSOCIAL, TAILWIND** 等都能协助你在不同媒体上实现内容的发布和管理。

内容推广

内容的推广就是内容的广告，这个完全根据自己的预算来决定，你的预算越多，内容传播自然越广。在本书的第二章有关点击付费广告中我已经和你分享了社交媒体以及谷歌广告的相关内容，建议安排专职人员认真阅读和学习。

我在这里再次强调一次，广告的实际操作并没有那么难，决定广告效果的因素往往不是广告的操作，而是广告的内容以及目标客户的锁定。再好的内容，如果给了错误的观众，那么他们也不会采取行动，当然他们有可能采取的行动就是把你的广告屏蔽。

我之前有一个客户是做望远镜的，他的望远镜是专门用来观看野生动物的。有一次他问我，为什么在 FACEBOOK 上做广告效果很差。我问他如何定位广告的地理位置，他说是整个美国，我说要不你先查一下美国的野生动物园在哪里再决定自己锁定的广告位置。一个没有野生动物园城市的人购买此类望远镜的可能性要远远低于有野生动物园的城市，这是一个常识，但是被彻底忽略了，这就又一次说明了目标群体定位的重要性。

在定位目标群体的时候，他们的年龄、爱好、性别以及地理位置都是你需要思考的问题，因为在营销的过程中，这些细节都将成为行动的准则。在我和很多客户交流的过程中，我发现他们对目标客户知道的很少。说到广告，大家乐于向大咖讨教，总觉得有什么诀窍或者捷径可以学习，而事实上，那些给你提供广告培训或者广告服务的代理机构根本不知道你的目标群体是谁，所以问题永远都没有办法得到解决。

根据消费者的路径来看，消费者在不同的阶段考虑和在乎的问题是不一样的。如果你总是推广自己的产品，效果自然不会很好。大家都不认识你，你打折促销再厉害，人家都担心你是一个骗子。就如你走在马路上，突然有一个陌生人要免费送你一个产品，你敢要吗？所以广告的内容是由消费者的状态决定的。如果你已经认真阅读完本书的第二章节，我相信你应该已经清楚在不同的阶段应该推广什么内容了。

营销监控与优化

没有监控的营销基本属于耍流氓，而错误的监控指标同样属于耍流氓，因为你应该清楚，品牌营销绝不是一个立竿见影的事情，它是通过长时间、持续性地输出有价值的内容和目标客户进行互动，最终实现消费者对品牌的认知、喜好以及信任。如果你在不同阶段都是用同样的KPI（关键绩效指标）去衡量自己的营销工作，那么神仙也帮不了你。

你和目标客户之间的关系已经不再是简单的买卖关系，而是通过品牌价值这个共同的价值导向进行情感的互动和精神的链接。卖货，那只是顺便的事情。

不夸张地说，这个和国内很多人的卖货思维是完全不同的，数字化营销的核心是"TELL"（告知）；而非"SELL"（卖）。而我们目前的主流"营销"思想是围绕"SELL"展开，进行各种技巧性的战术研究，其实我们所做的只能算是促销，而非营销。营销的本质是通过营销渠道传递价值，品牌的本质是企业由内而外的价值传递。只有这样，你才有可能建立起认同你品牌价值的粉丝群，粉丝不可能靠促销得来，粉丝就是认同你的人，认同你的本质是认同你的价值观。

我的重点是，既然思路变了，你就不应该用简单粗暴的KPI去衡量团队的工作，因为这个是团队协作的事情，任何一个人掉链子都会影响到整个大局。所以，不适当的KPI只会让技术变形，如果医院的KPI是减少死亡率，那么这就违背了医院救死扶伤的天职；如果法院法官的KPI是社会和谐，那么他就会放弃公平的天职去寻求双方的和解。

> 如果你的KPI是粉丝量，那么你的社交媒体专员就会用很少的费用去购买大量的假粉丝忽悠你来完成他的业绩；如果你的KPI是销售额，那么短期内你一定会非常失望，你把这种失望，甚至绝望传递给你的团队，伤害的还是自己的品牌和企业。人才的培养本身是一个企业的大事和资产，切勿急功近利！

营销监控与优化指标 KPI

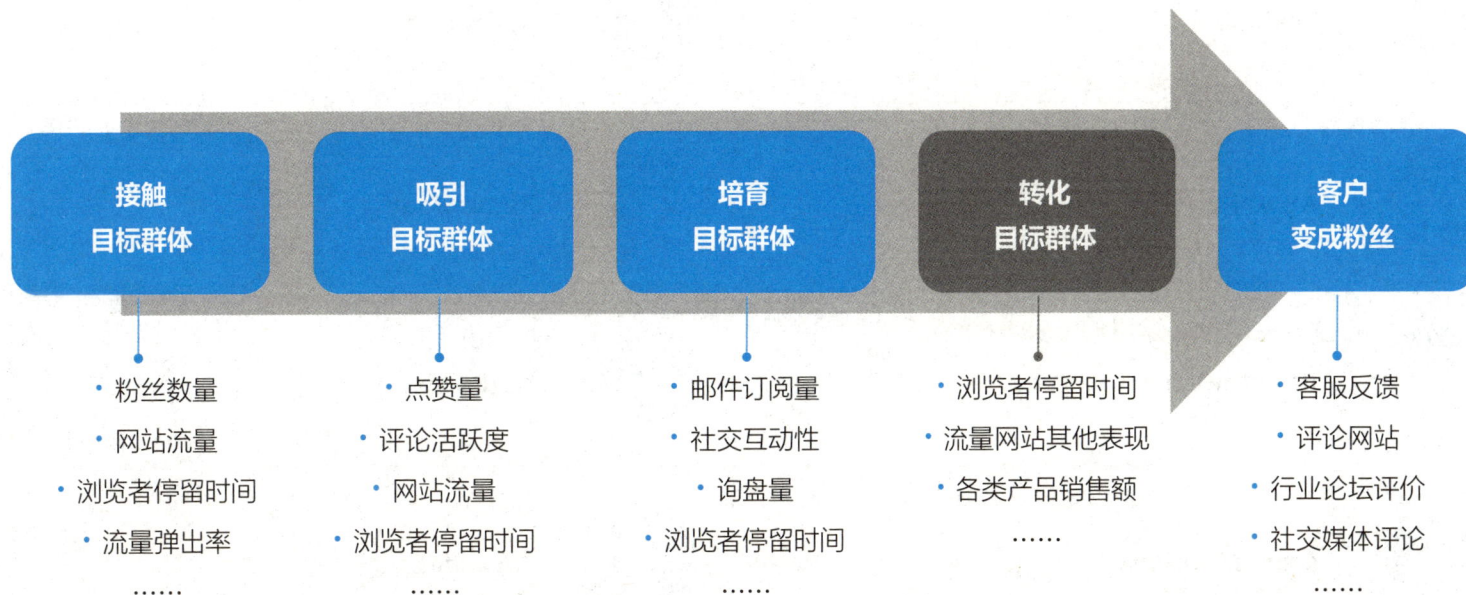

接触 目标群体	吸引 目标群体	培育 目标群体	转化 目标群体	客户 变成粉丝
· 粉丝数量	· 点赞量	· 邮件订阅量	· 浏览者停留时间	· 客服反馈
· 网站流量	· 评论活跃度	· 社交互动性	· 流量网站其他表现	· 评论网站
· 浏览者停留时间	· 网站流量	· 询盘量	· 各类产品销售额	· 行业论坛评价
· 流量弹出率	· 浏览者停留时间	· 浏览者停留时间	……	· 社交媒体评论
……	……	……		……

当然任何工作都需要有一个衡量的标准，我给大家简单梳理了营销工作在不同阶段应该看的指标，但这只是一种参考，我只是建议你不应该把指标挂钩到团队的业绩或者奖金之类的事情上。

营销监控工具

1 Keyhole

2 AgoraPulse

3 Brandwatch

4 BrandMentions

5 Meltwater

6 Reputology

7 NetBase

8 Socialbakers

数字化营销和其他线下营销相比有一个好处就是你可以通过不同的工具监控其效果。

如你在高速公路上做一块广告牌，你很难精确地统计一天有多少人可以看到这块广告牌，

而数字化营销就完全可以做到这一点。除了我前面提到的 7 个发布工具以外，

在这里再和大家分享 8 个不同的数字化营销监控工具。每一个都各有千秋，从流行趋势到品牌的评论监控、

数据分析和各种营销表现的汇总都能帮助你事半功倍。建议团队认真学习实践，根据自身发展阶段调整使用。

第四章　营销团队打造

如果你用制造问题的思维去解决这个问题，那么你是不可能解决问题的。

——爱因斯坦

　　我认为任何一个企业，无论大小，都是在和有限的时间、精力和资金做抗争。在保持稳定发展的同时，要发展自己的第二成长曲线；而在发展的过程中，要寻求不一样的结果，这就意味着我们要去做之前从未做过的事情，思考从未思考的战略，那么这就需要企业有之前从未有过的人才。所以说，企业的发展一定离不开正确的人才战略。

之前在微信朋友圈看到 FACEBOOK 总部的朋友发了一条消息，他说中国跨境企业走出国门最大的问题就是安排自己最信任的人去探索和研究一个不懂的世界，正如请了一个国内最知名的律师来美国打官司。

国内很多出海企业的团队成员都是专注于平台的高手，他们善于捕捉和研究平台的规则，但是对数字化营销这个概念是非常模糊的，可以说它和平台规则以及平台营销是完全不相关的事情。很多企业老板把这个事情交给这样的团队去做一件从未做过的事情，其实是非常错误的，最终导致交了很多的"学费"却什么都没有完成。

而且工具的使用和品牌内容的策划以及制作其实是两个不同的概念，谁都可以学习使用工具，而内容的策划和制作往往不只是语言的问题，更多的是文化的差异以及对品牌的理解，就如这本书中提到的 TOMS，买一双送一双的理念。其实这个理念很简单，但是在我们的文化里，也许很多人会觉得这个是做秀而已。我们很多人更加关注的是销售的渠道而不是营销什么内容，我们更加关注的是什么产品好卖而忽略了消费者真正关心的东西绝非只是产品那么简单。在我看来，文化和对品牌认知的差异是组建团队最困难的障碍。

我们很多企业虽说不可能一下子都跑到美国来组建一支营销团队，但是数字化营销团队在国内的搭建也并不是不可能完成的任务。就如一个能说好英文的中国人不一定是在美国学的，只要你足够努力，我相信你在国内照样可以打造一支非常优秀的海外数字化营销团队。

虽然说不容易，但就是因为不容易，你才有了自己的核心竞争力。如果大家都可以很容易做到，那么你就一下子多了很多的竞争对手。

在接下来的章节里，我会和大家分享如何在思想上统一整个团队以及如何建立一支高效的数字化营销团队，无论是在思想上还是技术上做好品牌对外传播的最后准备。

主要内容

营销团队打造 ●   品牌内部打造的重要性

●   统一思想 DLED 模式

●   营销团队能力简述

●   营销团队组织架构

品牌内部打造的重要性

品牌价值由内而外的伸张

建立思想

企业每天都需要做很多的决定。在很多时候，无论是企业高层还是主管人员在做决策的时候，品牌的愿景和使命就是最好的指导方针。

如果你没有一个清晰的指导思想和大方向，那么你就会花费很多的时间做错误的决定和浪费自己的人力、物力和财力。所以本书在第一个章节就阐释了营销之前所需要做的准备工作。

统一思想

团队需要知道自己的工作意义在哪里，是否创造了超越工资的某种价值和成就感。

所以在你开始行动之前，你需要帮助大家找到一个清晰的方向，把这种凝聚力和感召力放在公司战略的高度，统一每一位队员的思想和行动准则，围绕一根主线协调作战，这也是本章节要和你分享的主要内容。

传播思想

企业员工和消费者对你的整体感觉，取决于团队和用户的触点传递。

如果内部团队不理解品牌的价值导向，无法协同作战，统一传递品牌的价值，那么客户也无法感知到你的品牌认知。

长期利润

对于很多品牌来说，产品的突破不是自己可以决定的，那么提升服务质量和品牌价值是帮助我们在竞争者中脱颖而出的唯一利器。

品牌的建立在很大程度上缩减了营销销售的流程，从而提高转化率；品牌价值的情感链接也有效降低了客户对价格的敏感程度，有效提高公司长期的持续性利润。

在本书第二章营销战略营销第二阶段中提到了品牌思想的建立、统一和传播，建议扫描二维码阅读《品牌出海战略 B.A.D》电子书了解详情。

统一思想 DLED 模式

我和国内很多企业老板交流的时候，大家都会抱怨很难找到优秀的团队。我们也会时常收到一些比较大的企业的品牌咨询，一般一开始来找我们的都是海外事业部的主管。前几天我还接到一个广州某集团公司海外事业部主管的电话，和我聊了30分钟，他主要讲的困境是他很想通过品牌营销的战略思维去帮助企业做好海外品牌出海这件事情，而不是用以往的方式继续卖货，但是他的老板又很难改变固有思维或者说是原先的成功路径。他最后对我说，他觉得现在做这份工作特别没有激情。其实造成这种困境的理由很简单，就是认知结构的不同。

一个人是很难改变自己以往的成功路径的，尤其是稍微有点成绩的人。因为按照自己原有的思维和经验取得了成功，那么自然会觉得做其他没有做过的事情会是一种冒险。但是如果我们现在希望得到不一样的结果，那么你就一定需要做不一样的事情，而想要做不一样的事情，你就一定需要有不一样的思维。我没有办法突然改变你的思维结构或者说提高你的认知，但是我相信你能理解一个简单的道理，那就是你父亲教育你的方式在下一代身上不一定好用，因为时代变了，所以与时俱进是最好的理由。

如果你已经读完了此书的营销章节，你大概已经理解了现在的客户都是你一步一步吸引来的，而不是用你的产品换来的，那么你的员工同样如此，尤其是你需要的优秀的员工。有句话叫好看的皮囊千篇一律，有趣的灵魂万里挑一。其实你别担心没有有趣的灵魂，我就想知道，当一个有趣的灵魂放在你面前的时候，你有没有这个认知能力去欣赏，这才是问题的关键。无论你愿不愿意相信，有一条法则叫优秀吸引优秀，抱怨吸引抱怨，所以如果你想吸引优秀的人，首先你要优秀起来。优秀的定义有很多，但是我相信一个优秀的人首先是一个可以接受新事物和新思想的人。

我之前提到了以色列作家赫拉利的一本书《人类简史》，书中提到人类任何一次大规模的集体行动都是因为某一个共同信仰而开始的。在我看来，一个优秀的企业就是要把自己相信的价值由内而外地传递给消费者和用户，自己的团队其实是我们的内部客户。

海底捞关爱自己的员工，所以员工把这份爱传递给了消费者；TOMS 把"给与"融入了自己的商业，吸引了一大帮相信他的团队，大家在一起工作的时候感觉自己是在做一件超越卖鞋子本身的事情，因为他们感觉自己每天所做的工作都是在帮助那些需要帮助的人，这种美好的感觉所带来的强大的精神动力和凝聚力要远远超过你挂在墙上有关销售额的横幅所带来的动力。

所以我们想要吸引优秀的团队，首先要做好品牌的内部打造。关于这一点，我的团队和我给你总结了 DLED 模式：

01 **D**EFINE YOUR BUSINESS 定义你的商业模式

02 **L**IVE YOUR BRAND 以身作则

03 **E**NGAGE YOUR TEAM 关联你的团队

04 **D**ELIVER YOUR BRAND 传递你的品牌

DEFINE YOUR BUSINESS 定义你的商业模式

任何商业模式的终极目标就是要梳理出公司如何创造、获取以及传递价值给我们的目标客户。

当你建立了完善的品牌战略以及营销战略以后，要更加宏观地看待自己的商业模式和运行机制，这样公司团队的所有成员就能够更加明确我们这个品牌何去何从，并且可以不停地优化自己的工作提高公司效率，以及为公司的创新提供理论基础。

在下一页，你会看到 9 个模块，它们包含了公司赖以为客户创造并且传递价值，以及因此获得回报的完整逻辑路径。全世界数以万计的公司都以此模式作为优化和创新企业营运机制的基础。

此商业模式来源

此商业模式来源于亚历山大·奥斯特瓦德和伊夫·皮尼厄共同创作的"商业模式画布"，他们合作出版的著作《商业模式新生代》（*Business Model Generation*）是 2010 年以来广受好评的国际出版物，也是创新创业、商业模式类课程和培训的主要教材。

商业模式逻辑思维——

创造、获取以及传递品牌价值的战略蓝本

统一思想	关键活动	价值主张	客户关系	客户细分
完成关键活动或者向企业提供核心资源的人员和组织，不只是供应商，原则上是不可替代的关键资源，如果随时可以被替换，那就不是关键合作关系，苹果和富士康的关系符合这个定义。	创造、传递、销售或向客户传递价值主张需要完成的任务，主要分为三个维度：制造、品牌营销销售以及支持，如管理、财务或者网络支持等。	这里主要指通过服务和产品而使客户获得好处（价值），强调的是客户选择我们最核心的理由。理由往往是功能性的、社会性或者情感性的。这个部分是品牌战略需要完成的主要任务之一。	销售过程中的交流是为了确保客户满意度，并向客户提供产品或者服务的附加值。	不同的客户群体要求的价值主张也不同，可能还需要不同的渠道和客户关系与之配套，这里要注意的是不是所有需要我们产品的人都是我们的客户。定位、细分客户是打造品牌战略的核心工作之一。

关键资源

核心活动的资源配置，主要分为四个范畴，人力资源、有形资产与无形资产以及现金流、金融担保等。这个主要是你公司内部的资源配置情况。

客户渠道

这个部分主要讲述客户的获取、培育、转化以及变粉等过程，围绕的核心逻辑是用户的行为路径和前面提到的 RANCE 法则。

成本	收益
展开核心活动，计算核心资源以及业务的所有相关费用；固定成本、可变成本和非现金成本如时间、精力、名誉等。	客户为享受我们的产品和服务所愿意支付的费用，包括支付方式，如分期，一次性付款等。同时也包含了软收益，如品牌声誉、价值提升以及成就感等情感收益。

LIVE YOUR BRAND 以身作则

我拜访很多企业的时候都能看到各种口号挂在墙上，之所以是口号，是因为它并没有被真正落实。如果你无法做到这一点，那么你如何期待优秀的员工做到这一点？大家只会觉得这些口号是写给外人看的，就如你的办公室里放了很多书却从来不看一样，它们最终变成了一种装饰品。你对待员工、对待自己的产品以及对待自己的供应商等方方面面的细节都可以体现你是否相信你的使命。

国内某知名交友平台曾要我策划一个在北美的营销活动，希望能够改变大家对这个平台的认知。我策划的主题就是"成为那个你想遇到的人"。你看很多女生都说在平台上遇不到优秀的人，其实大家都忽略了一个简单的道理，你想要吸引优秀的人，首先你得优秀起来。一个整天晒名牌包包，坐在五星级酒店的窗边喝咖啡的整容美女往往会吸引一些不务正业的富二代或者伪富二代，二人最终的结局往往是不欢而散，其实问题就在于自己不够优秀或者说自己的价值观是有问题的。

无论你的品牌战略是什么，你都应该把这种愿景和使命融入自己的生活和工作以及你对待周围人的方式中，你周围的同事都会感受到，榜样的力量是无穷的。如果你自己都不相信你的使命，那么自然无法以身作则，更不可能要求外部客户来相信你所不相信的。

如果你的品牌倡导的是环保，而你在日常生活和工作中没有体现这一点，那么你的团队就无法相信你倡导的品牌精神，更不会传递这个品牌精神给客户，客户自然不会买单。

哥伦比亚大学的一项研究表明

49% 的员工认为企业的文化对于他们工作的影响要远远超过办公环境（22%）以及他们使用的工具（29%）。

品牌创始人要将手术刀狠狠地剖向自己：

作为品牌的一分子，我为此而骄傲吗？

我有没有让自己的行为符合品牌价值？

品牌的愿景、使命、价值观对我有激励作用吗？

我是否能在团队中营造轻松的氛围？

除了钱，我还看重品牌能给我带来什么？

我有没有把自负控制在不伤害团队信任的范围？

无论是企业的领导者还是团队成员，都可以参考这张商业模式蓝图。请根据以下模板来梳理和优化个人行为，确保个人在组织中的行为符合品牌想要传递的价值。

确保团队成员在组织中的行为符合品牌传递的价值：

关键合作伙伴	关键活动	价值主张	客户关系	客户细分

关键活动

我是做什么的
我目前的具体工作职责、我的价值主张要求的关键业务是什么？

价值主张

我是如何提供价值的
如果我的工作是直接给客户提供价值，那么因为我的工作，客户将会得到什么？

如果我的工作是服务内部客户／其他同事，那么因为我的工作，我的同事会得到什么，最终我们的外部客户会得到什么？

我将如何优化我的工作细节服务于公司的价值主张？

客户关系

如何互动
这里分为内部客户／同事和外部客户，我向他们传递了什么价值？

客户细分

我帮了谁
我最重要的内外部客户是谁？

如何为他创造价值？谁的工作完成和我有密切关系？

关键合作伙伴

谁帮了我
工作内部的核心人员为我提供什么价值？工作以外还有谁？他们为我提供了什么价值？

关键资源

我是谁／我有什么
专业技能
兴趣爱好
个性
其他资源

客户渠道

如何交付
我是如何传递或者交付我的价值的？沟通和交付的主要渠道有哪些？

成本

列出为工作付出的软硬成本，软成本包括压力和不满，缺少个人成长机会等；硬成本包括通勤时间或出差太多等。

收益

列出因工作得到的软硬收益，软收益包括满足感和愉悦感、精神满足或者职业发展等；硬收益包括工资福利、补贴、医疗保险或者期权分红等。

下面我们为你列出了人类本能的心理动机，你可以参考对照团队成员是否得到了这些软福利。

人类本能心理动机：

目标	自主权	关系	进步

我的工作是否具备大于金钱的意义，对社区、国家或者世界的积极改变做了努力，帮助了他人？

我的工作在时间上、方式上以及内容上是否具备一定的弹性？

我在公司中是否有归属感，我的工作是否可以得到赞赏以及可以实现自我？

我的工作是否提供了学习以及职业发展的机会？

建议公司决策者和人事职能部门共同探讨和优化，确保每一位团队成员都可以做到"以身作则"。

ENGAGE YOUR TEAM 关联你的团队

员工是企业的内部客户，如果大家不相信你相信的价值和使命，他们的工作表现自然会出现折扣；反之，如果大家都相信，那么你应该问他们如何把品牌思想融入自己的岗位中，落地为可优化和监控的实际行动。

如果你的使命是传递关爱，那么负责采购的同事是否真正关心过自己的供应商，在和供应商交流的时候是否体现了这一点？如果没有，那么请问应该如何做才能改进这一点？也许他提出来的建议将来是吸引客户非常重要的创新之举。如果你的企业有产品设计师，如何把关爱融入自己的产品设计里？如果你的公司有客服人员，那请问他又是如何把关爱融入自己的工作让客户真正感受到关爱的？

公司的客户分为内部客户和外部客户，就如一家餐厅一样，洗碗工的客户就是内部客户——厨师，厨师的客户是服务员，也是内部客户，而服务员的客户是外部客户，就是来就餐的客人。

所以，我们要由内而外地关联每一位团队成员的具体工作，确保他们明白自己的所作所为是如何影响其他同事，并最终传递给外部客户的。

关联团队

我们为你做了两张表格，它们是你关联每一位团队成员工作的模型，你可以根据自己的商业模式进行优化升级。

内部客户

角色	顺利完成任务	任务失败
任务	我是如何帮助客户的？	导致什么结果？
供应 / 生产		
仓库管理		
货运		
品牌营销		
根据实际商业模式拓展此内容	请以外部客户为中心思考	请以外部客户为中心思考

非直接面对客户

外部客户

消费者触点（从左到右） 统一作战（从上到下）	REACH 接触	ATTRACT 吸引	NURTURE 培育	CONVERT 转化	EVANGELIZE 变粉
商业目标					
关键绩效指标					
具体事项 （融入品牌思想）					
负责人					
所需支持					

团队成员必须回答的问题：

● 作为品牌的一分子，我为此而骄傲吗？

● 品牌的目标对我来说清晰吗？

● 品牌的愿景、使命、价值观对我有激励作用吗？

● 我觉得这个品牌是否愿意在我身上投资？

● 除了钱，我还看重品牌能带来什么？

● 品牌价值观和品牌创始人价值观一致吗？

DELIVER YOUR BRAND 传递你的品牌

任何推广和广告的目的都是为了吸引目标流量，而流量能否转化主要是取决于你的触点。产品和服务自然是最大的触点，但是企业内部员工也是起决定性作用的触点。所以在做任何推广之前，内部团队的思想统一和作战战略统一至关重要。希望以上内容能够给你带来一些启示。

当我们优化好了内部团队，准备进入推广阶段的时候，营销战略是我们必须遵循的法则。在本书的第二章和第三章我们都作了比较详细的解读，希望你能够结合自己的业务状态制定出符合自身发展要求和目标的营销战略。

营销战略的核心就在于消费者路径，无论是B2B还是B2C企业，这套理论都能够给你的营销工作提供一根主线，根据客户在每一个阶段的问题提供相对应的营销内容是成功的关键。

思考角度

永远站在客户角度深挖问题，提供和优化解决方案。

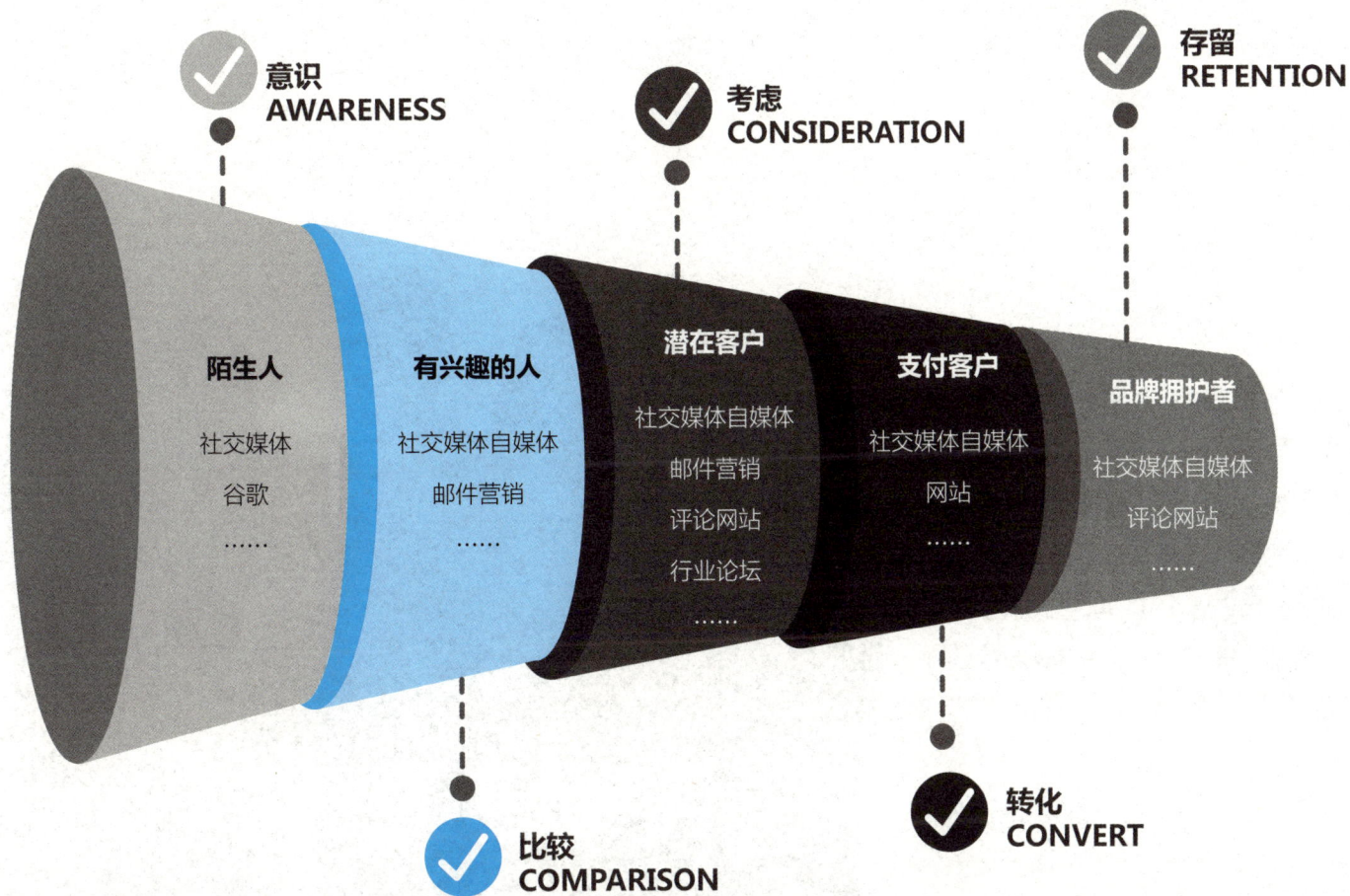

意识
AWARENESS

考虑
CONSIDERATION

存留
RETENTION

陌生人

社交媒体

谷歌

......

有兴趣的人

社交媒体自媒体

邮件营销

......

潜在客户

社交媒体自媒体

邮件营销

评论网站

行业论坛

......

支付客户

社交媒体自媒体

网站

......

品牌拥护者

社交媒体自媒体

评论网站

......

比较
COMPARISON

转化
CONVERT

营销团队能力简述

需要什么团队成员肯定是由需要做的事情来决定的。此书读到现在，你大概已经掌握了数字化营销所需要做的具体工作。

接下我再次给大家总结一下每一个营销阶段所需要做的工作，那么我们就可以清楚地看到在每一个阶段需要什么样的成员来完成工作。

"如果你想要不同凡响的东西，你应该做与众不同的事情。"

数字化营销阶段——消费者触点

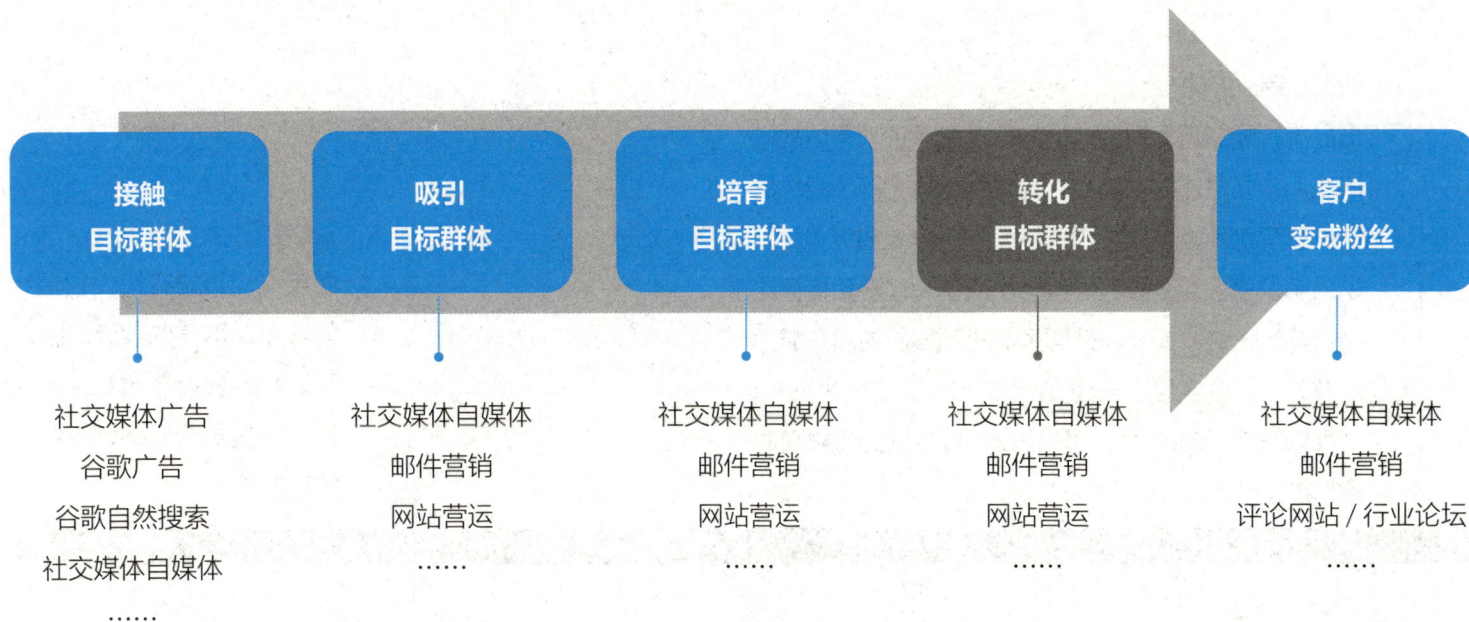

接触 目标群体	吸引 目标群体	培育 目标群体	转化 目标群体	客户 变成粉丝

社交媒体广告 　　社交媒体自媒体 　　社交媒体自媒体 　　社交媒体自媒体 　　社交媒体自媒体

谷歌广告 　　　　邮件营销 　　　　邮件营销 　　　　邮件营销 　　　　邮件营销

谷歌自然搜索 　　网站营运 　　　　网站营运 　　　　网站营运 　　　　评论网站/行业论坛

社交媒体自媒体 　……　　　　　　……　　　　　　……　　　　　　……

……

对于独立站营运的品牌，团队成员要围绕上面这个营销战略展开。当然你不可能也没有必要全部招聘全职成员，这样成本很高，有的工作是可以外包的。美国很多知名的品牌会和专业的第三方合作机构合作，尤其是很多内容的制作，你不可能自己买很多设备去制作；而且如果你需要本土的内容，如街拍的照片和视频，本地有创意的活动等等，这些大块的内容建议由第三方公司来做。但是围绕流量闭环的几个重要内容，还是要由自己团队来完成。大家可以通过以下的成员能力概述以及自身的发展需求来决定哪些是可以外包的，哪些最好由自己人来操盘。

所需成员能力简述

营销总监 / 顾问

懂品牌，能制定营销战略计划以及熟悉各项营销战术的应用，同时能够培训和管理营销团队；能够围绕品牌价值策划活动，如"JUST DO IT"（"想做就做"）是品牌价值，那么如何通过一个活动来体现和传播这个价值是关键；要有海外营销渠道拓展能力和资源，如 KOL（关键意见领袖），电影广告或者线上线下 PR（视频编辑）的能力，可以根据品牌发展的需求随时调动这些资源。

独立站设计

懂英文，最好有海外背景，能够知道欧美的设计风格以及流行的设计工具和资源，配合营销更新网站以及制作营销内容。

独立站技术

配合营销活动进行网站功能以及一切有关网站技术层面的更新，如增加某个板块或者营销功能；需要熟悉欧美独立站的方方面面以及流行发展趋势。

自然搜索引擎优化专员

可以和谷歌广告专员是同
一个人。

谷歌广告专员

最好他还懂独立站的搜索引擎优化，
它的作用可能远远超过你的想象。通
过自然搜索来到你的网站的浏览者是
主动型流量，就是准备购买你的产
品的；而且 70% 的谷歌浏览者都会
点击自然搜索结果，而非付费搜索结
果，如果你无法被目标浏览者搜到，
那么你损失很大。

博客专员

博客对于搜索引擎优化来说至关重要，每周更
新 2—3 次可以提高网站的自然流量和排名，
也是最高效的营销手段之一，但是我一直强调
这个事情不是立竿见影的。很多国内企业随便
拷贝一下，换换文字的做法是无法达到效果
的，我建议找专业的写手，他应该是一个以英
语为母语、受过专业训练、有经验的人。千万
别觉得是个老外就可以写，你是中国人，你能
写专业的中文博客吗？

邮件营销专员

邮件营销在每个阶段都很重要，要有专门的人来操作，因为流量在不同的阶段都需要不同的邮件内容去转化。如果你的美工设计师有这个能力，那么他应该是个不错的人选。

社交媒体内容策划和制作

这个可能是很多人最头疼的问题，因为一方面不知道做什么内容规划，另一方面，牵涉的内容如图片和视频制作需要专业能力，我建议 80% 的内容（如漂亮的图片和小视频）可以外包，自己就负责产品发布或者占 20% 的促销类内容。

社交媒体专员

社交媒体最重要的功能之一就是引流和通过内容的发布来培育和转化流量，但是你如果希望通过专员一个人来计划、制作、发布以及推广内容，那你是为难他了，这个本身是一个团队合作的事情。很多社交媒体专员的困难在于内容，所以内容部分你可以外包。有关产品的内容以及实时性的促销内容，比例大概是 80% 与 20%。同时他还需要兼备实时性的客服职能，因为绝大多数潜在客户和支付客户都会在你的社交媒体。

更多成员能力简述

注意：

以上只是独立站品牌最基本的成员配置，你可以根据企业发展的规模和速度招聘更多的成员加速品牌的发展。

外包服务： 主要围绕本地化内容策划和制作层面。

自建团队：主要围绕流量闭环的基础工作和实时性工作。

扫描右边二维码下载"数字化营销团队成员能力简述"

营销团队组织架构

看到这里，你会发现，一个再小的营销团队都牵涉很多的工作，

而如何管理这样一个小分队又是另外一件事情。从经验上来说，

营销总监这个职务是最为关键的，他可以不懂具体的操作，

但是他要知道营销的方方面面，并且有这个能力培训好这样的一个团队。

在这里，我给大家做了一个简单的组织框架图，

主要围绕我们的流量闭环展开，谷歌和社交媒体的流量主要引入独立站，

流量在独立站以及社交媒体（流量池）之间来回穿梭，

实现流量闭环；至于其他的营销手段如网红等，

你可以安排专门的人来负责，或者由营销总监来负责其他营销渠道的拓展和对接，而基础团队应该围绕这个闭环展开工作，

他们的组织架构大概应该如下：

————————

成员组织架构

营销总监 / 顾问

这个人很重要：

- 能制定营销战略计划以及熟悉各项营销战术的应用
- 能够培训和管理营销团队
- 能够围绕品牌价值策划活动
- 有海外营销渠道拓展能力和资源，如 KOL、电影广告或者线上线下 PR 的能力，可以根据品牌发展的需求随时调动这些资源

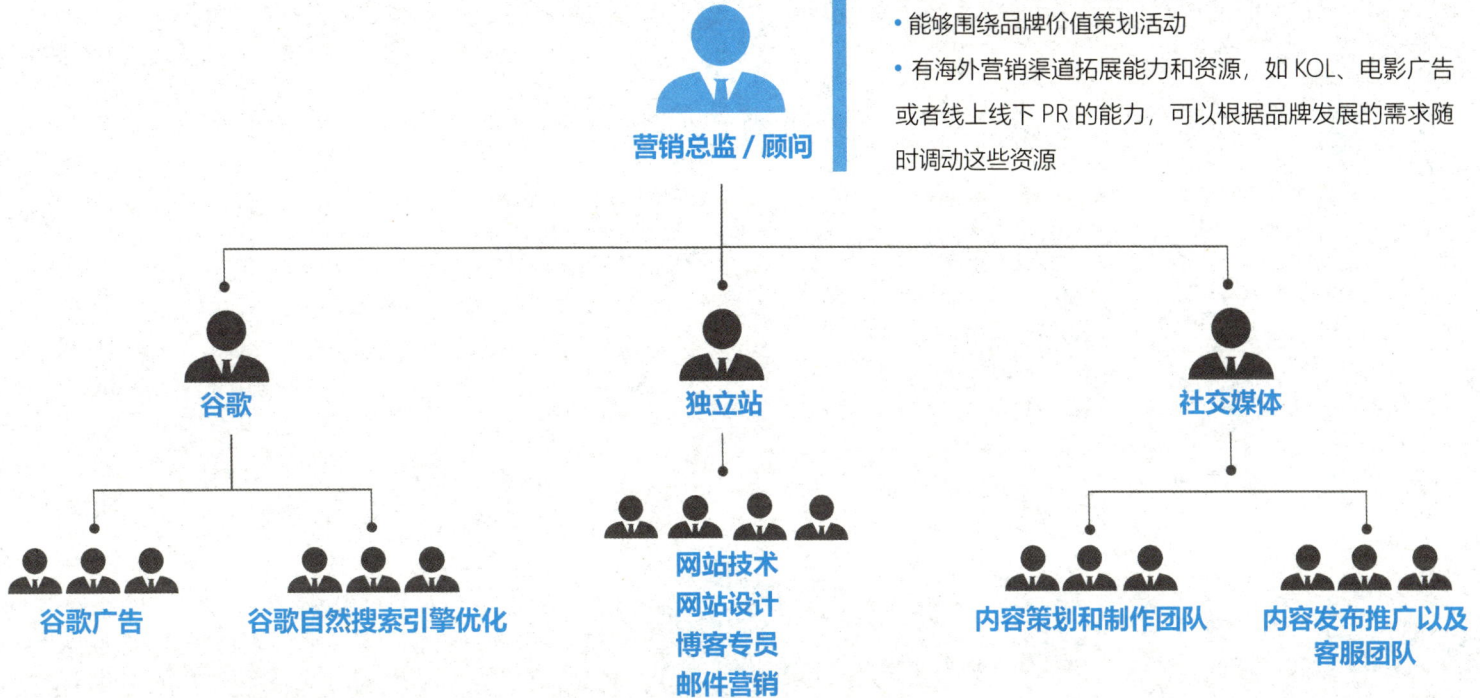

谷歌

独立站

社交媒体

谷歌广告

谷歌自然搜索引擎优化

网站技术
网站设计
博客专员
邮件营销

内容策划和制作团队

内容发布推广以及客服团队

吸引优秀人才的前提是
清晰的品牌使命和愿景！

————

后记
做一个长期主义者

写到这里，我们所需要知道的营销战略和工具以及方式方法都已经全盘托出，但是最后我还是想分享一点我认为最重要的东西，那就是你一定要做一个长期主义者。

因为比起才能和技巧，毅力才是可以确保你成功的重要能力。但是我深知这个世界上真正有毅力的人很少，我们总是会被周围的环境而影响，我们也总是去五金店里买牛奶，很多想法还没有开始落实就被周围的人否定了。

所以我想告诉你别太在意主流的声音，更别太在意他人对你想法和做法的评价。绝大多数时候的绝大多数人，他们给你的建议只是他们过去经验的总和，他们是把他们的悔恨、恐惧、失败以及担心用爱和关心的名义告诉你为什么不该这么去做。你知道人有这个本能和爱好，他们喜欢分享建议，这也是为什么社交媒体能火的主要原因之一，因为人类一个基本的需求就是"被听到"，但是对于这一点，你一定要小心，尤其是身边的人。因为你身边最亲近的那5个人的平均值就是你未来

的价值，人是非常容易受环境影响的，而且奇怪的是当你有一个和周围的人不一样想法的时候，95%的可能是你遭到反对。这就是为什么我们基本能听到"回声"，而真正能发出"声音"的人很少。

如果你真的希望自己的人生和事业变得有价值，那么你最需要做的事情就是听内心最深处的声音，那个才是你最美好的一面。把你内心最美好的一面融入自己的事业和团队，让他们相信你所相信的，看见你所看见的，才能去创造你想在这个世界上看到的积极变化。所以你才是这个品牌的发动机和灵魂，因为你的声音坚定而清晰，才能吸引周围的人到你身边，帮助你去实现看似不可能的一切。你的"为什么"才是品牌打造成功的关键，别太担心你想的太大或者太美好而不好意思说，你最应该怕的不是他人的想法，而是后悔这辈子没有把自己最真实、最美好的一面通过自己的事业展现出来，去积极影响身边的人和你的客户。

你知道这个世界最富有的地方是哪里吗？你可能说是中国，是迪拜或者美国，其实最富有的地方是坟墓。因为在那里，有很多还没有执行的商业想法，有很多还未出版的书，没有被发行的电影或者歌曲，有很多本来可以很成功和造福人类的想法，因为各种原因而被人们放弃了。

品牌是企业家价值主张由内而外的一种伸张。首先你要相信自己的价值导向是正确的，相信你的品牌能够帮助你的用户在某个方面解决他们的问题，满足他们的某种情感需求；其次你才能吸引身边的人，吸引更加优秀的人和你一起实现这种价值的传播；最后你才能吸引那些和你有共同价值主张的客户产生共鸣。

在这个过程中，你一定会遇到困难和怀疑者，你一定会遇到不理解你的人，一定会遇到诽谤你的人、伤害你的人，所以如果你从心里就根本不相信自己的价值，只是为了做品牌而随便选择了一个所谓的品牌故事，你也许会开始，但是你一定很难坚持。

你不要低估了相信的力量，从吸引力法则的角度来说，你相信什么你就吸引什么。你认为世界是美好的，你就会吸引美好的人和事情到你身边，如果你认为世界是不公平的，那么你就会吸引很多不公平的人和事情到你身边。你认为快速致富是一条道路，那么你就一定会吸引 P2P（网络借贷平台）上的朋友到你身边。所以你做品牌一定要相信自己所相信的，你才能吸引那些相信你的团队和客户。如果你坚持了 3 个月就放弃了，并且把这种责任推卸给身边的团队，责怪客户不理解，那么你最终吸引来都是抱怨和失败。

美国有一个 2016 年开始投入市场做拉杆箱的品牌 AWAY。其实这个行业竞争很激烈，但是两位美女创始人从一开始就非常清楚自己的品牌价值定位，那就是要传递美好的生活方式，拉杆箱只是一个载体而已。

这个公司在 2019 年的上半年实现了营业额 3 亿美元。也许你非常喜欢这个数字，也觉得公司发展得很快一定是因为创始人有什么显赫的背景，其实两位创始人一开始只是某公司普通的员工，并没有资金和背景，她们有的就是一个美好的品牌价值。她们的第一次风投谈判是失败的，她们在 2017 年的产品也是失败的，因为当时她们没有想到安装在拉杆箱的电池不可以带上飞机，这导致很多消费者怨声一片，当时公司差点就倒闭了。创始人之一珍（JEN）说，你可以没有钱，你也可以没有 MBA（工商管理硕士）文凭，但是你一定要清楚自己为什么做自己所做的事情，因为这是你的信仰，因为一路上你一定会遇到很多的困难和意想不到的挑战，而每当这些事情发生的时候，你的"为什么"就是最好的武器，而且你的为什么可以帮你吸引那些相信你的人。其实在没有困难的时候大家都可以坚持，但是遇到困难的时候，如果你不相信自己所做的事情是有价值的，也不爱自己所做的事情，那么你一定很难坚持。所以坚持的前提是相信你所相信的和有一个非常清晰的愿景。

我觉得一个企业家应该勇于将那把手术刀狠狠地剖向自己，因为所有的问题归根结底都是自己的问题。我遇到太多向我抱怨的企业主，他们总觉得自己的团队不够完美，总觉得服务他们的公司不够专业，总觉得自己的客户过于挑剔，但是很少有企业主对我说其实是自己内心不够坚定。你一定要记住，你的信念和坚持决定了你的思维，这种思维决定了你的语言和决策，你身边的人会被这种能量所影响，他们的反馈其实是你的态度和能量决定的，你要对这种能量负责！否则你凭什么在成功的那一天站在舞台上享受着镁光灯和掌声呢？

当然，我知道坚持自己的信念非常困难，我无法帮助你坚持，但是我有一个好的建议，就是多看看历史。因为你今天所经历的一切，从古至今早就有人经历了，所以为什么成功的人都有看书的习惯，因为他们能在书本里找到解决问题的答案。放弃一些无聊的社交和喝茶，在书本里你能找到灵感和力量。你一定知道 BEYOND 乐队，每次去歌舞厅总会有朋友唱他们的歌。大家喜欢唱他们的歌是因为他们的歌非常鼓舞人心，但是你想过他们为什么能写出这么鼓舞人心的歌吗？那是因为他们一开始出道的时候，根本没有被主流的音乐市场接受，当时香港的主流市场是谭咏麟、陈百强的情歌。他们一开始自己借钱开演唱会，自己到马路上发传单，邀请当时主流的音乐公司，但是这些公司一个都没有来，他们也遭受到了家人的不理解，就是在这样的环境中，他们才有了自己内心的体会和感受，他们把这些感受写出来，后来成为许多人都会唱的歌曲。如果没有当时的挣扎和坚持，那么就不会有 BEYOND 的经典了。

所以别太担心挣扎，这些都是你的财富，前提是你不能中途放弃。这样的例子比比皆是，大家都知道美国的歌手 Beyonce（碧昂丝），她的一首"HALO"（《光环》）红遍全球，但是她出这首歌曲之前已经写了上千首无人问津的歌曲，如果她在这个过程中放弃了，那么就不会有"HALO"这样的经典了。我不是在和你谈论什么励志的故事，我只是在和你分享，每一个成功的人都会经历质疑和不理解。

成功和不成功，很大程度上不是你做的事情决定的，而是做这个事情的人决定的。每一个成功的人，其实都是你我这样的普通人，只是他们选择并且坚持了他们的信念。所以，你也可以！**高手都是长期主义者，请成为他们中的一个！**

SAILING MARKETING 设立在洛杉矶

通过国际化品牌营销团队和先进的品牌营销理念为进军全球市场的中国企业提供完整的品牌战略执行；

帮助中国品牌跨越国家界限、赢得全球尊重。

同时在欧洲，英国、澳大利亚、加拿大以及日本等国都有着丰富的本地化执行团队和媒体资源。

网址：WWW.SAILINGMARKETING.US

关于作者顾仁宝（ TONY GU ）

TONY 是 SAILING MARKETING 的创始人及 CEO（首席执行官），致力于中国企业在欧美的本土化品牌战略和营销战略推广。改变中国企业营销的方式以及改变世界对中国制造的看法是 TONY 及其团队的使命；同时 TONY 也是一位电影制作人天使投资人和演讲者。

TONY 生活在洛杉矶，他每年用将近一半的时间走访中国的优秀企业和进行全国的演讲活动，帮助更多优秀的企业跨越国家界限，赢得全球尊重。

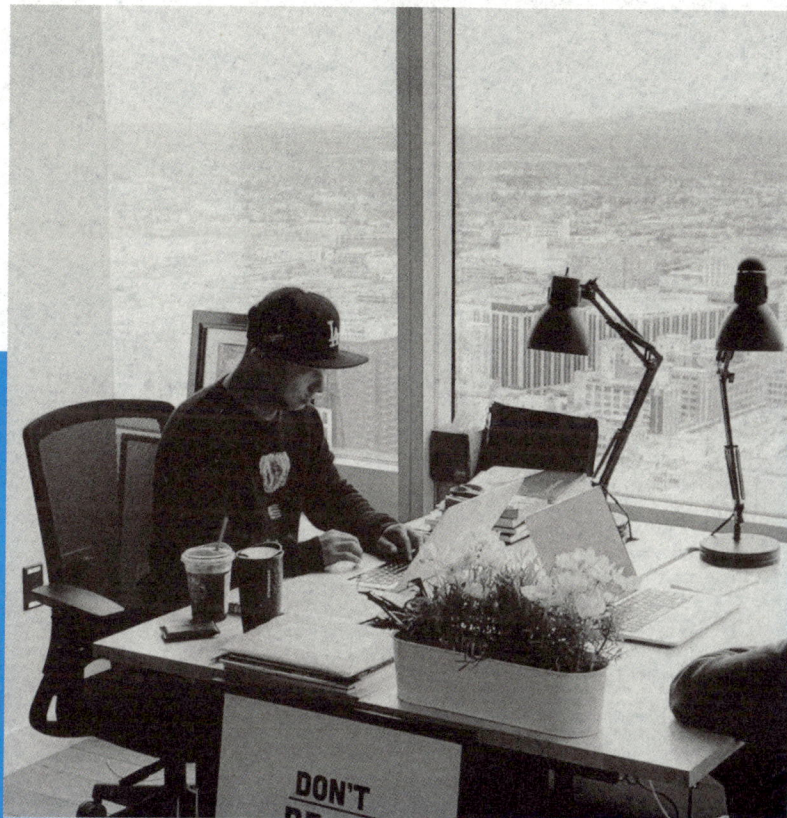

这个世界上有很多我们希望看到的积极改变，
与其等待，不如勇敢地去成为那个做出积极改变的人。